W0462288

# Afrikas Süden

## Südafrika · Namibia · Botswana · Sambia · Simbabwe

**2. Auflage**

Fotos: Susanne & Peter Scheufler und Liane Merbeck

Texte: Kerstin von Splényi

TiPP 4

*„Ich kann mich an keinen Morgen in Afrika erinnern, an dem ich aufgewacht bin und nicht glücklich war.“*

Ernest Hemingway, US-amerikanischer Schriftsteller

Vielen Dank für die Unterstützung an:

Abendsonne Afrika
Ihre Safarispezialisten!

druckpartner
Druck- und Medienhaus

Algier
Casablanca
Tripolis
Kairo
Sahara
Dakar
Niger
Nil
Khartum
Blauer Nil
Addis Abeba
Weißer Nil
Abidjan
Accra
Lagos
Jaunde
Bangui
Kongo
Mogadischu
Äquator
Kampala
Nairobi
Kigali
Viktoria-See
Kinshasa
DEMOKRATISCHE REPUBLIK KONGO
Tanganika-See
TANSANIA
Dar es Salaam
Luanda
ANGOLA
Kubango
SAMBIA
Sambesi
Lusaka
Victoria-fälle
Kariba-See
Malawi-See
MOSAMBIK
MALAWI
Sambesi
Harare
SIMBABWE
Windhoek
Okavango
NAMIBIA
BOTSWANA
Kalahari
Gaborone
Pretoria
Johannesburg
Maputo
Namib
ESWATINI
LESOTHO
SÜDAFRIKA
Kapstadt
Antananarivo
MADAGASKAR

# Grußwort

As a conservation biologist working in Africa for more than 40 years, I have seen many images of Africa, but none like the ones you are about to behold. „Afrikas Süden" takes readers on a breath-taking journey through southern Africa, its beautiful landscapes, unique wildlife and fascinating people who live in co-existence with nature. In this beautifully designed and high-quality coffee table book, the photographers have brought the 'Jewels of Africa' to life for you to appreciate in all the natural splendour of southern Africa. The photographs depict the unique biodiversity of this region, providing powerful glimpses into why we need to protect the land, its wildlife and its people.

The topography of the southern region of Africa is varied. From the vast open landscapes of Namibia, where the highest dunes meet the ocean in one of the oldest deserts on Earth, with desert adapted species like the gemsbok, cheetah, and elephants… to Botswana's Okavango Delta, which provides life for quintessentially African species including hippos, lions and birds… to South Africa, the land of contrast with distinctive flowers, great wines where two oceans meet, and where the national parks provide safety for critically endangered species like rhinoceros. The varying habitats in Zambia bring migrations of bats and black kob, which are spectacles of nature, and Zimbabwe yields giraffe, leopard and African painted dogs roaming alongside a variety of antelope species. Each of these environments is similar, yet at the same time so different, each having experienced evolution within its own ecosystem.

When studying the cheetah in the Namibian bush, I am awed at the intense colours of the earth and sky, the beauty and uniqueness of the trees and grasses, which give life to the species that are living within these systems. „Afrikas Süden" brings the wonders of Africa into our daily lives and consciousness. Each photo allows us to revere the beauty of our living world and the importance of the 'circle of life', and each reminds us it is our responsibility to conserve our wildlife for future generations.

The purchase of this book financially supports conservation. We are thankful to the photographers and publishers for their wonderful photos, creative skills, professional design and the extraordinary printing, thus providing convincing documentation of this conservation project's impact in Africa.

Dr. Laurie Marker

In meinen mehr als 40 Jahren, in denen ich als Naturschutz-Biologin in Afrika arbeite, habe ich schon viele Bilder von Afrika gesehen, aber noch keine, wie Sie sie in diesem Buch entdecken werden. „Afrikas Süden" nimmt den Leser mit auf eine atemberaubende Reise durch den Süden Afrikas, zu wundervollen Landschaften, einer einzigartigen Tierwelt und faszinierenden Menschen, die in friedlichem Einklang mit der Natur leben. In diesem großartig gestalteten und hochklassigen Bildband haben die Fotografen die „Juwelen von Afrika" zum Leben erweckt, damit Sie die natürliche Pracht des Südens von Afrika kennenlernen können. Die Bilder zeigen die einzigartige Artenvielfalt dieser Region und vermitteln eindrücklich die Notwendigkeit, warum wir das Land, die Tierwelt und die Menschen schützen müssen.

Die Topografie des Südlichen Afrika ist abwechslungsreich. Von den ausgedehnten Landstrichen Namibias, wo in einer der ältesten Wüsten der Erde die höchsten Sanddünen am Ozean enden und wo an das Leben in der Wüste angepasste Tiere wie südafrikanische Oryxantilopen, Geparden und Elefanten leben … über Botswanas Okavango-Delta mit den typisch afrikanischen Tierarten wie Flusspferden, Löwen und Vögeln … nach Südafrika, dem Land der Gegensätze mit unverwechselbaren Blumen und edlen Weinen, wo sich zwei Ozeane treffen und die Nationalparks besonders gefährdete Tiere wie Nashörner schützen. Die abwechslungsreichen Lebensräume in Sambia bieten spektakuläre Wunder der Natur, wie Flughund-Wanderungen und Grasantilopen … und Simbabwe glänzt mit Giraffen, Leoparden und afrikanischen Wildhunden, die zusammen mit verschiedenen Antilopenarten umherstreifen. Jeder dieser Lebensräume ist ähnlich und trotzdem sind sie gleichzeitig so unterschiedlich, dass in diesen kleinen Ökosystemen eine eigene Evolution stattfinden konnte.

Während meines Studiums der Geparde in Namibia haben mich die Farben der Erde und des Himmels, die Schönheit und Einzigartigkeit der Bäume und Gräser beeindruckt, die das Leben der Tiere in dieser Gegend ermöglichen. „Afrikas Süden" bringt die Wunder Afrikas in unser tägliches Leben und unser Bewusstsein. Jedes Bild erinnert uns, an die Schönheit unserer Welt, an den Kreislauf des Lebens und an unsere Verantwortung zur Erhaltung der Tierwelt für künftige Generationen zu denken. Der Kauf dieses Buches unterstützt diesen Erhalt. Wir danken den Fotografen und dem Verleger für die wundervollen Bilder, die Kreativität, das professionelle Design und die außergewöhnliche Druckqualität. Eine überzeugende Dokumentation der Arbeit für den Naturschutz in Afrika.

# Grußwort

Afrika – da kommen uns die unterschiedlichsten Assoziationen in den Sinn – jeder verbindet eigene Gedanken mit diesem Kontinent. Genauso wie wir beide, die wir für die SWR-Artenschutzdoku „Elstners Reisen“ verschiedene Länder auf unterschiedlichen Kontinenten unserer Welt besucht haben. Jedes Land hat nicht nur seine eigene, ganz besondere Fauna und Flora zu bieten – sondern ermöglicht uns auch immer wieder Begegnungen mit Menschen, die sich für den Erhalt einzigartiger Lebensräume und der bedrohten Tierwelt einsetzen. Dabei spielt Afrika für uns eine ganz besondere Rolle, nicht nur wegen seiner einzigartigen Megafauna: Denn kein anderer Kontinent hat so viele große Säugetierarten zu bieten wie Afrika. Auch die einzigartigen Landschaften um die freundlichen Menschen dort begeistern uns immer wieder aufs Neue. Elefanten, Nashörner oder auch Giraffen sind zum Sinnbild für die internationalen Artenschutzbemühungen geworden.

Das beeindruckendste Erlebnis unserer Reisen war ein Besuch beim weltweit letzten männlichen Nördlichen Breitmaulnashorn mit dem Namen „Sudan“. Wenn man vor dem einzigen lebenden Vertreter einer so charismatischen Tierart steht – und man begreift, dass es den Menschen nicht gelungen ist, diese zu retten – dann läuft es einem eiskalt den Rücken herunter, man wird wütend und traurig zugleich. Und vor allem wird man nachdenklich und sagt sich, es darf nie wieder passieren, dass eine solche Tierart durch menschliches Handeln zur Ausrottung gebracht wird.

Seit diesem Schlüsselerlebnis verstehen wir unseren Auftrag darin, noch intensiver darauf hinzuweisen und dafür zu werben, dass die Menschen unsere einzigartige Natur schätzen, lieben und vor allem schützen lernen. Denn ausgestorben bleibt ausgestorben und kommt nie wieder zurück. Aber es gibt noch viele weitere Arten auf dieser Welt, die unseren Schutz und unsere Erhaltungsbemühungen mehr als verdienen; und genau da setzt auch dieses wunderbare Buch „Afrikas Süden“ an: die Schönheit der Landschaften, der Tier- und Pflanzenwelt sowie der in diesen fünf Ländern lebenden Menschen zu zeigen. Dabei reift beim Betrachter von ganz alleine der Gedanke, dass all dieses in seiner unglaublichen Vielfalt und Schönheit für künftige Generationen erhalten bleiben muss. Dieses Buch leistet deshalb einen großartigen und bildgewaltigen Beitrag, den Süden des faszinierenden Kontinents Afrika von seiner schönsten Seite zu zeigen – einfach überwältigend!

In diesem Sinne wünschen wir dem vorliegenden, wunderschönen Bildband eine große Verbreitung und legen den Leserinnen und Lesern ans Herz: „Lassen Sie sich ein auf eine Abenteuerreise durch die unglaublich reichhaltige und wunderschöne Natur in Südafrika, Namibia, Botswana, Sambia und Simbabwe.“

Frank Elstner und Dr. Matthias Reinschmidt

# Editorial

Im Dezember 2010 erschien der Fotobildband „Afrikas Süden“ zum ersten Mal. Unser Anliegen war und ist es zu informieren, zu unterhalten – vor allem aber für die landschaftlichen Schönheiten und die faszinierende Tierwelt des Südlichen Afrika zu begeistern, deren Bedrohung nur allzu real ist und die es zu bewahren gilt. Die Welt hat sich in den letzten Jahren weitergedreht, und vieles hat sich verändert, leider nicht alles zum Besseren.

Für uns ist das Grund genug, mit einer aktualisierten und erweiterten Auflage von „Afrikas Süden“ daran zu erinnern, wie fragil der Status quo zurzeit ist. Südafrika, Namibia, Botswana, Simbabwe und Sambia verbindet eine gemeinsame geschichtliche Entwicklung. Jedes dieser Länder hat sich aber auch ganz unterschiedlich auf den Weg in die eigene Unabhängigkeit gemacht und geht mit den aktuellen Anforderungen auf seine eigene Art um. Klimawandel und Artenschutz sind nicht nur Themen in den reichen Industrienationen, die meist viel ärmeren afrikanischen Staaten treffen diese Probleme oft mit einer viel größeren Wucht.

Der Herausgeber Andreas Klotz mit Kerstin von Splényi „bei der Arbeit“ ...

Meine ganz persönliche Begeisterung für Afrika hat mit einem Buch begonnen: mit Tania Blixens „Afrika, dunkel lockende Welt“. Folgerichtig eroberten zunächst die schier endlos scheinenden Tierherden Ostafrikas mein Herz im Sturm. Doch mit Afrika ist das so eine Sache. Eine gute Freundin und Wildlife-Fotografin hat mir gesagt: „Afrika ist wie ein unheilbarer Virus, eine stets vorhandene Sehnsucht, wenn Du das einmal fühlst, wirst Du es nie mehr los.“ Und sie hat Recht behalten. Immer wieder reise ich in die verschiedensten Länder Afrikas und finde traumhafte Landschaften, einen einzigartigen Tierreichtum gepaart mit der entwaffnenden Herzlichkeit der Bevölkerung. Auch wenn ich nicht, wie die San sagen, für immer bleiben kann, so überrascht mich Afrika immer wieder aufs Neue.

Wer in Südafrika mit seiner „Afrika-Erforschung“ beginnt, hat das Gefühl, in einem europäischen Land zu sein, nur eben jenseits des Äquators. Alles scheint so vertraut und doch ganz anders. Ein ähnliches Gefühl beschleicht den Reisenden in Namibia, zumindest deutsche Reisende. Hier ist die eher unrühmliche Vergangenheit der Möchtegern-Kolonialmacht an mancher Ecke noch gegenwärtig. Die Safarierlebnisse in der beinahe unberührten Natur Botswanas hingegen lassen jeden in ein unverfälschtes Afrikafeeling eintauchen. Simbabwe hat aufgrund der politischen Situation viel von seinem Geheimtipp-Charme eingebüßt. Die unvergleichlichen Naturschönheiten warten aber weiterhin auf ihre erneute Entdeckung. Sambia steht für authentisches Afrikaerlebnis in ursprünglicher Umgebung und ist (noch) ein ziemlich gut gehütetes Geheimnis als Safaridestination.

Heute liegt ein Buch in Ihren Händen, das vor allem eines ist – ein Bildband mit fantastischen Aufnahmen. Den Fotografen Susanne & Peter Scheufler und Liane Merbeck gelang es mit viel Profession und Liebe zum Detail, ihre Begeisterung für Fauna und Flora sichtbar zu machen. Jedes ihrer Bilder erzählt von der Einzigartigkeit des Augenblicks und mahnt einen vorbehaltlosen Schutz an, den Afrika heute so dringend braucht wie nie zuvor. Diese komplett neu gestaltete und inhaltlich vollständig überarbeitete Auflage bietet ein Kaleidoskop durch die verschiedenen Landschaften und Nationalparks des Südlichen Afrika. Jedes Kapitel wird eingeleitet mit Informationen zu Geschichte, Klima und Landschaft, ausgewählten Nationalparks und landestypischen Eigenheiten. Allein aufgrund der Vielzahl der Schutzgebiete in den fünf Ländern ist es nicht möglich, jedes einzelne vorzustellen. So mussten wir eine rein subjektive Auswahl treffen.

*Susanne & Peter Scheufler auf einer ihrer vielen Fotosafaris.*

Wie auch bei unserem MONDBERGE-Magazin und allen anderen Publikationen des Mondberge-Charity-Projektes (www.mondberge.de) nehmen wir Umweltschutz sehr ernst. Deshalb wurde das vorliegende Buch unter „bluegreenprint-Bedingungen" gedruckt. Mit dem Kauf unterstützen Sie Hilfsprojekte der Aktionsgemeinschaft Artenschutz (AGA) e. V., die sich seit fast 40 Jahren für den Erhalt von bedrohten Tier- und Pflanzenarten sowie deren Lebensraum einsetzt. Doch Projekte wie dieses Buch sind nicht so ganz einfach zu stemmen. Deshalb gilt unser Dank auch allen unseren Sponsoren und Unterstützern.

*Michael und Liane Merbeck, Gründer von „Abendsonne Afrika" und Naturschützer.*

Was gibt es Schöneres, als eine Leidenschaft mit anderen Menschen zu teilen. Gemeinsam, davon sind wir zutiefst überzeugt, können wir einen Beitrag dazu leisten, die beeindruckenden Naturschätze Afrikas zu erhalten.

Kerstin von Splényi
und das ganze Mondberge-Team

Oktober 2019

# Impressionen

## *Erste Eindrücke aus dem Südlichen Afrika*

In diesem Kapitel präsentieren wir Ihnen auf einem besonders haptischen Papier ein paar erste Bilder „querbeet" – eine schnelle „Rundreise", gedruckt in Sepia-Farbtönen auf Naturpapier.

*Detail eines Wasserbocks: die herzförmige Schnauze.*

*Eine Giraffe lässt sich geduldig vom Madenhacker von lästigem Ungeziefer befreien.*

*Ein stattlicher männlicher Leopard auf seinem Streifzug durch das Sumpfgebiet des Okavango-Deltas.*

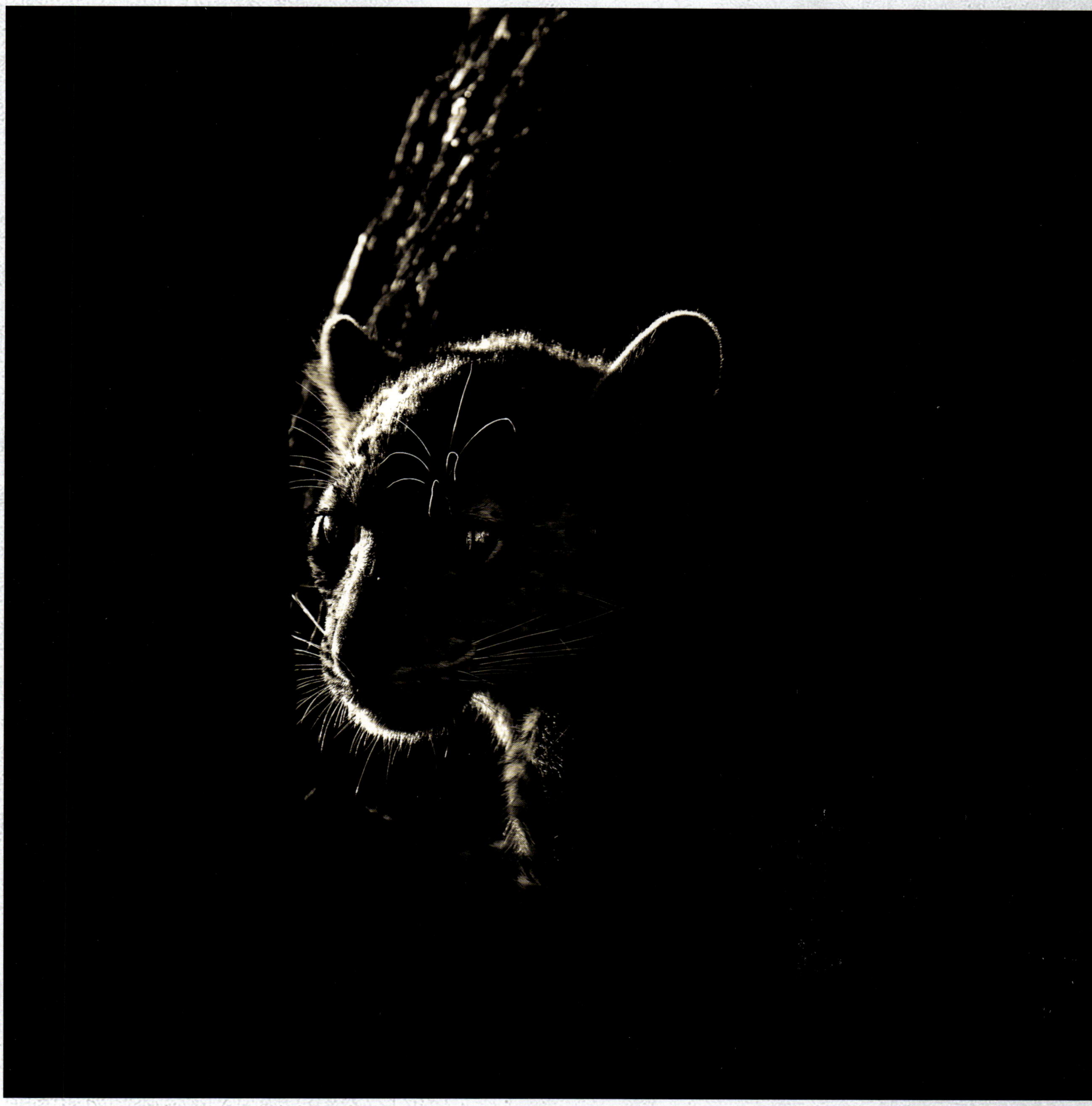

*Ein junger Leopard genießt die letzten Sonnenstrahlen in seinem Baumversteck.*

*Rieseneisvogel am Chobe-Fluss mit erlegter Krabbe. Zum Töten wird diese wiederholt auf den Ast geschlagen und hochgeworfen, damit sie in der richtigen Schluckposition im Schnabel landet.*

*Einsame Oryxantilope in der Kalahari.*

*Himba-Baby in Namibia – schon die Kleinen werden mit dem typischen Schmuck behangen.*

*Während eines Dorfbesuches in Sambia in der Nähe der Viktoriafälle wurden wir von allen freundlich empfangen, und diese zwei freuten sich in einer leeren Badewanne schon auf das Wasser.*

*Heiliger Ibis an der Westküste Südafrikas in Elandsbay.*

*Der afrikanische Wildhund heißt auf Englisch passenderweise „Painted Dog".*

*Eine Zebramutter behütet ihr vor Kurzem geborenes Fohlen.*

*Dieser Elefant im Etosha-Nationalpark produziert Kunstwerke durch Schlammspritzen.*

*Im Etosha-National-park treffen sich in der Trockenzeit die unterschiedlichsten Tiere an den Wasserlöchern.*

# Südafrika

## *Das Land inspirierender Kontraste*

„Wende dein Gesicht der Sonne zu, dann fallen die Schatten hinter dich." Dieses afrikanische Sprichwort passt zu Südafrika wie kein zweites. Eine Nation, die nach dunkler Zeit hoffnungsfroh in eine neue Zukunft gestartet ist. Ein Land, das jedem noch so schwierigen Klima das Beste abgewinnt. Ein Reiseziel, das verlockt, irritiert und gleichzeitig begeistert.

Südafrika liegt am südlichsten Zipfel des afrikanischen Kontinents. Seine Küsten werden auf knapp 3.000 km im Westen vom Atlantischen und im Südosten vom Indischen Ozean umspült. Dort, wo die beiden Urgewalten aufeinandertreffen, liegt die Südspitze des Kontinents – das Kap Agulhas (*Kap der Nadeln*). Nein, nicht am Kap der Guten Hoffnung, das etwa 150 km weiter nordwestlich zu finden ist, sondern hier sollen die Kompassnadeln portugiesischer Seefahrer einst keinerlei Kursabweichung gen Norden gezeigt haben. Der südlichste Punkt Afrikas war gefunden. Vielleicht waren mit Nadeln aber auch die scharfen Riffe direkt vor der Küste gemeint. Das machtvolle Aufeinandertreffen vom kalten, nährstoffreichen Benguelastrom und dem warmen, klaren Agulhasstrom schafft eine extrem artenreiche Unterwasserwelt, deren Vielfalt sich durchaus mit einem tropischen Regenwald an Land vergleichen lässt.

Im Norden grenzt Südafrika an Namibia, Botswana und Simbabwe, im Osten an Mosambik und Eswatini. Das Königreich Lesotho wird als Enklave vollständig von Südafrika eingeschlossen. Neun Provinzen verteilen sich auf rund 1,2 Millionen km². Damit ist die föderale Republik ca. 3,5-mal so groß wie Deutschland. In kaum einem anderen afrikanischen Land findet sich ein so multiethnisches Spektrum wie am Kap. Allein elf Sprachen sind als Amtssprachen anerkannt, wobei sich Englisch als Verkehrssprache herauskristallisiert hat. Ungezählte Volksgruppen, Stämme und Einwanderer leben hier, nicht immer konfliktfrei. Die Religions- und Glaubensvielfalt ist verwirrend. Nicht genug damit, hat Südafrika auch noch drei „Hauptstädte“: Pretoria ist Sitz der Regierung und Verwaltungshauptstadt, Kapstadt ist Sitz des Parlaments, und in Bloemfontein ist das Oberste Gericht zu finden. Johannesburg ist „nur“ die größte Metropole und ein blühendes Wirtschaftszentrum.

*Das stürmische Kap der Guten Hoffnung, während eines Rundflugs aufgenommen.*

## Eine Wiege der Menschheit

Die von Nelson Mandela erträumte Regenbogennation, in der Menschen aller Hautfarben und Religionen offen und freundlich miteinander leben sollten, hat eine lange und konfliktreiche Geschichte hinter sowie eine ungewisse Zukunft vor sich. Keinen Zweifel kann es daran geben, dass Südafrika eine, wenn auch nicht die einzige Wiege der Menschheit ist. Zahlreiche archäologische Funde gehen bis in die Steinzeit zurück und werden teilweise sogar älter als die Funde in Ostafrika geschätzt. Das steinzeitliche Volk der San, die sogenannten Buschleute, deren Nachkommen heute noch in Botswana leben, gelten zusammen mit den Khoikhoi, welche die Europäer später als Hottentotten verballhornten, als die Ureinwohner des Südlichen Afrika.

Die ersten bantusprachigen Stämme kamen ab etwa 600 n. Chr. aus dem Raum des heutigen Kamerun und Nigeria entlang der Ostküste. Zu ihnen gehörten so bekannte Stämme wie die Xhosa, Zulu, Ndebele, Swasi, Sotho, Tswana und Ovambo-Herero. Ende des 18. Jahrhunderts führte eine lange Dürre zu Hunger und verstärktem Wanderungsdruck. Das löste in Verbindung mit dem Aufstieg des Zulu-Königs Shaka die Mfecane (*Nguni: Zermalmen*) aus, eine Periode von kriegerischen Unruhen und Vertreibung.

## Auf dem Seeweg nach Indien

Es gibt mehrere Theorien, wer die Südspitze Afrikas als Erster umschiffte. Die Phönizier gelten als die kühnsten Seefahrer ihrer Zeit. Sie sollen im Auftrag Pharao Necho II. als Erste Afrika vollständig umrundet haben. Ähnliche Fahrten werden den Karthagern, den Arabern, den Venezianern und den Indonesiern zugeschrieben. Die Eroberung Konstantinopels durch die Osmanen im Jahr 1453 zwang die europäischen Kaufleute dazu, einen neuen Handelsweg nach Asien zu finden. Das war die Stunde abenteuerlustiger Seefahrer.

*Der alte Leuchtturm am Kap wurde durch einen höher gelegenen ersetzt, da die Seefahrer ihn bei schlechtem Wetter oft übersehen hatten.*

## Eswatini – Die letzte absolute Monarchie Afrikas

**Dichte Wälder, stolze Bergketten, zahlreiche Flüsse und Wasserfälle, die Big Five und übermannshohe Weihnachtssterne – all das bietet der kleine Binnenstaat.**

Seit 1986 regiert König Mswati III das mit knapp 17.500 km² zweitkleinste Land des afrikanischen Festlands in absolutistischer Weise per Dekret. Zu seinem 50. Geburtstag am 19. April 2018 änderte er in dieser Art kurzerhand den Namen des bis dahin unter Swasiland bekannten Staates in Eswatini. Obwohl er mit seinen 22 Ehefrauen zu ausschweifender Lebensweise neigt, genießen er und die königliche Familie hohes Ansehen und Autorität unter den Swasis.

Die Landschaft in Eswatini wird bestimmt durch bewaldetes Hochland (Highveld) im Nordwesten, sanft gewellte fruchtbare Mittelgebirgslandschaften (Middleveld) im zentralen Teil und dem subtropischen Lowveld, in dessen Buschland die Nationalparks liegen. Die Bergregion der Lubombo Mountains schließt entlang der Grenze zu Mosambik an. Die Naturschönheiten können auf viele Arten aktiv erkundet werden: Riverrafting, Höhlenwandern, Mountainbiken, Reiten, Wandern.

Das erste Naturschutzgebiet hat Eswatini dem Naturschutzpionier Ted Reilly und seiner Frau Liz zu verdanken. Auf der ehemaligen Zitrus- und Getreidefarm haben die beiden zunächst inoffiziell Tierarten wieder angesiedelt, die durch exzessive Jagd fast ausgerottet waren. Nach der Unabhängigkeit 1968 wurden die Reilly Farm und ein 70.000 Hektar großer Teil des königlichen Besitzes zu den ersten beiden Nationalparks ernannt: Mlilwane Wildlife Sanctuary und Hlane Royal National Park.

*Ausgespülter Strand bei Arniston.*

Der Portugiese Bartolomeu Dias erreichte wahrscheinlich als erster Europäer die Mosselbay, die östlich des Kap Agulhas liegt, worüber es jedoch keinerlei Aufzeichnungen gibt. Erst Vasco da Gama fand nachweislich den Seeweg nach Indien, vorbei am Kap der Guten Hoffnung und an Afrikas Südspitze.

Im Jahr 1652 landete der Kaufmann Jan van Riebeeck zusammen mit seiner Familie in der Tafelbucht. Die Weisung der Vereinten Ostindischen Kompanie lautete, eine Versorgungsstation zu gründen. Das Fort, das Riebeeck als Grundstein für das heutige Kapstadt errichtete, wurde später zur Festung ausgebaut, deren Grundmauern heute genauso erhalten sind wie die Reste der Mandelbaumhecke, die als Grenze zum afrikanischen Hinterland diente. Ab der zweiten Hälfte des 17. Jahrhunderts entwickelte sich das Kapland immer mehr zu einer Siedlungskolonie. Die Buren (*afrikaans: Boere, wörtlich Bauern*) begriffen sich selbst als eigenständiges afrikanisches Volk mit holländischen, deutschen und französischen Wurzeln.

### Die Briten übernehmen das Ruder

1806 landeten die Briten nahe der Tafelbucht, zwangen die Holländer zur Übergabe des Kapstädter Forts und besetzten die Kapkolonie. Damit begann die britische Herrschaft, die sich später auf ganz Südafrika ausweiten sollte. Mit dem legendären „Großen Treck“ wollten sich mehr als 15.000 Vortrekker der britischen Herrschaft entziehen. Sie waren im Hinterland auf der Suche nach neuen Siedlungsgebieten. Mit der Proklamation der Republiken Natal, Transvaal und Oranje Freistaat suchten die Buren die Unabhängigkeit. Diese Bestrebungen beantworteten die Briten mit dem Südafrikanischen Krieg, an dessen Ende die Gründung der Südafrikanischen Union im Jahr 1910 stand.

Die Kriegsniederlage, vor allem aber das Leiden von Frauen und Kindern in britischen Konzentrationslagern, führte zu jenem überzogenen Nationalismus der Afrikaaner, wie sie sich selbst nannten, auf dem die radikale Rassentrennungspolitik des 20. Jahrhunderts beruhte. Der ehemalige Agrarstaat entwickelte sich zum Industriestaat. Die Wirtschaftsdepression nach dem Ersten Weltkrieg brachte die Schicht der armen Weißen hervor, die sich mit aller Kraft dagegen wehrte, mit Schwarzen auf eine Stufe gestellt zu werden. Ein Nährboden wie gemacht für eine nationalistische Politik der strikten Apartheid (*deutsch: Getrenntheit oder Trennung*) der Rassen, um die weiße Vorherrschaft ein für allemal zu sichern.

## Teile und herrsche!

Nach den Wahlen von 1948 teilte das Department of Native Affairs die Bevölkerung willkürlich in Weiße, Schwarze, Asiaten und Coloureds ein und erließ mehr als 1.000 Rassentrennungsgesetze. Viele davon mussten gar nicht neu geschrieben werden, denn sie basierten auf bereits bestehenden und stellten lediglich Verschärfungen dar. Neben der Trennung von Behörden und Wohngebieten, war wohl die „Petty Apartheid“ (*deutsch: kleine Apartheid*) am demütigendsten. Sie regelte z. B. die Nutzung von Parkbänken und Toiletten.

Der zweifelhafte Titel „Architekt der Apartheid“ wurde Premierminister Hendrik Frensch Verwoerd zugesprochen. Mit seiner „Homeland“-Politik wollte er die schwarze Bevölkerung in Stammesgebieten und Reservaten konzentrieren und sie zu Ausländern im eigenen Land machen. Erst 1994

*Das farbenfrohe Bo-Kaap-Viertel in Kapstadt (Malaienviertel).*

*In Pretoria steht die Statue von Nelson Mandela.*

wurden alle Homelands, die zwischenzeitlich für unabhängig erklärt worden waren, in die neu geschaffenen Provinzen eingegliedert.

## Ende gut, alles gut?

Hauptträger des Widerstandes und der Opposition in dieser Zeit wurde der African National Congress (ANC), vor allem unter der Leitung von Nelson Mandela. Sharpeville und Soweto wurden zu Synonymen brutaler, blutiger Auseinandersetzungen. Erst der Reformkurs in Europa machte den Weg auch am Kap frei für demokratische Veränderungen. Staatspräsident Frederik Willem de Klerk und Nelson Mandela, die beiden Friedensnobelpreisträger von 1993, sind die ersten freien Wahlen zu verdanken, die im Ergebnis Mandela zum ersten schwarzen Präsidenten Südafrikas machten.

Auch heute noch sind die Nachwirkungen der jahrzehntelangen Benachteiligung zu spüren. In keinem anderen Land sind die Einkommensunterschiede zwischen Schwarzen und Weißen so groß wie in Südafrika. Die Arbeitslosenquote liegt bei 30 bis 40 Prozent. Die Frage der Landreform ist noch immer ungelöst. Fehlende Wasserversorgung in den Wellblechhütten der Townships, Aids, Korruption und mangelhafte Bildungspolitik sind die Gegenwartsprobleme Südafrikas. Auf den im Februar 2018 neu gewählten Präsidenten Cyril Ramaphosa warten enorme Aufgaben auf dem Weg zur Verwirklichung von Mandelas Traum.

*„Mother City" – Blick auf Kapstadt mit Stadion, Waterfront und Tafelberg.*

## Ein überraschendes Landschaftskaleidoskop

Die grandiosen Landschaften Südafrikas sind ein wahrer Schatz. Unwirtliche Halbwüsten und üppige subtropische Wälder, trockene Savannen und malerische Weinberge, sanfte grüne Hügel und zerklüftete Felsen – all das findet sich in unmittelbarer Nachbarschaft. Möglich machen das die sehr eigenwillige Geografie und die verschiedenen klimatischen Gegebenheiten des Landes. Ein spanischer Flamenco-Hut versinnbildlicht die Charakteristik wohl am einfachsten: das Hochplateau, die große Randstufe und die Küstenregion.

Das Binnenland besteht zum größten Teil aus einem auf einer Höhe zwischen 900 und 2.000 m über dem Meeresspiegel liegenden, flachwelligen Zentralplateau, dem Highveld. Die hier vorgefundenen Lagerstätten von Bunt- und Edelmetallen, Gold sowie Steinkohle und Diamanten machen Südafrika zu einem der wichtigsten Bergbauländer der Erde. Wer hat nicht schon vom größten Diamantenhändler de Beers und dem Big Hole bei Kimberley gehört?

*Hier reift der südafrikanische Rotwein in Eichenfässern bei La Motte in Franschhoek.*

Nach Norden senkt sich das Hochplateau sanft zum Kalahari-Becken ab, einer ausgesprochenen Wüstenregion, die heiß und extrem trocken ist. Selbst bis zur Atlantikküste bleibt der Leben spendende Regen manchmal jahrelang aus.

In weitem Bogen umschließt die Große Randstufe das Hochplateau, ein Geländeabbruch, der zur Küste hin steil abfällt. In den Drakensbergen erreicht dieses Gebirge Höhen von knapp 3.500 m. Höchster Berg Südafrikas ist der Mafadi Mountain (3.450m) an der Grenze zu Lesotho. Hier haben die Drakensberge echten Hochgebirgscharakter.

Wellenförmig schließen südwestwärts die Kapketten an. Die bekannteste Erhebung ist der Tafelberg, der gut sichtbar über Kapstadt thront. Die Kapregion wird von bis zu 3.000 Sonnenstunden im Jahr verwöhnt und ist mit seinem mediterranen Klima prädestiniert für den Weinanbau. Der vorgelagerte Küstenstreifen ist flach bis hügelig und meist sehr schmal. Erst Richtung Grenze zu Mosambik findet sich eine breite Küstenebene mit schönen Sandstränden.

Fast alle Flüsse Südafrikas entspringen in den Drakensbergen und fließen nach Osten zum Indischen Ozean. Nur der Oranje fließt gen Westen, um nach 1.860 km als längster Fluss Südafrikas in den Atlantischen Ozean zu münden. Der Limpopo bildet mit seinen 1.600 km die Grenze zu Botswana, Simbabwe und Mosambik.

Farblich abgestimmt – zwei Arbeiter in Bo-Kaap.

## Südafrika – das ist Afrika für Einsteiger

Dieser gar nicht despektierlich gemeinte Ausspruch bringt den Reiz und den Widerspruch des Landes auf den Punkt. Hier, wo sich Schwarzafrika mit europäischen und asiatischen Elementen paart, ist es für Reisende und Gäste nicht schwer, sich zurechtzufinden. Ca. zehn Flugstunden von Europa entfernt, verbinden sich moderne Großstädte, europäischer Komfort und eine gute Infrastruktur mit der Ursprünglichkeit des schwarzen Kontinents, seinen freundlichen Menschen und der einzigartigen Tier- und Pflanzenwelt. Südafrika ist ein Land für die große Reise, ein Land, das eigentlich eine ganze Welt in sich vereint. Schier unüberschaubar ist die Anzahl der privaten Wildreservate und staatlichen Nationalparks. Jeder hat seine eigene Charakteristik, geprägt von Klima, Landschaft und den darin beheimateten Tier- und Pflanzenarten. Vor allem die überwältigende Artenvielfalt der Säugetiere und Vögel lockt jedes Jahr zigtausende Touristen ins Land.

## Nationalparks – groß, größer, grenzüberschreitend

Das bekannteste und größte Wildschutzgebiet Südafrikas ist ohne Frage der Kruger Nationalpark ganz im Nordosten an der Grenze zu Mosambik. Der leidenschaftliche Großwildjäger Paul Kruger gründete 1896

Im Nationalpark am Kap der Guten Hoffnung kann man Strauße aus nächster Nähe sehen.

Die Nationalblume von Südafrika: eine Königsprotea im Silvermine-Park während der Blütezeit im Frühling.

Brillenpinguin am Boulders Beach bei Simon's Town.

als damaliger Präsident der Republik Transvaal das Sabie Game Reserve, die Keimzelle des heutigen Nationalparks. Im Süden lassen sich die bedrohten afrikanischen Wildhunde verfolgen. Im Buschland fühlen sich Geparde und Zebras wohl. Giraffen zieht es in die bewaldeten Regionen. Ganz im Norden des Parks erzählen archäologische Stätten wie Masorini und Thulamela eindrucksvoll von der Lebensweise afrikanischer Kulturen. Die Zukunft könnte eine grenzen- und zaunlose sein, denn die Pläne im Dreiländereck Südafrika, Mosambik und Simbabwe, einen grenzüberschreitenden Park zu schaffen, nehmen Gestalt an. Der Great Limpopo Transfrontier Park soll für eine gesunde Entwicklung der Tierpopulationen sorgen.

Anderenorts wird dies schon erfolgreich praktiziert. Der Kgalagadi Transfrontier Park erstreckt sich vom nördlichsten Zipfel Südafrikas über Namibia bis weit ins benachbarte Botswana. Die roten Dünen der Kalahari scheinen bis ins Unendliche zu reichen. In der Sprache der San bedeutet Kgalagadi „Ort des Durstes". Die Landschaft mag lebensfeindlich wirken, doch sie ist Heimat vieler exotischer Tiere und Pflanzen. Herden von Oryxantilopen, Springböcken, Eland und Streifengnus folgen den Jahreszeiten. Imposante Kameldornbäume spenden den großen schwarzmähnigen Kalahari-Löwen Schatten und sind Träger überdimensionaler Webervogelnester.

## An die Küste nur zum Baden?

Auch wenn die traumhaften, oft unberührten und einsamen Strände entlang der West- und Ostküste häufig mit der blauen Flagge für hohe Wasserqualität ausgezeichnet werden, sind sie nicht der einzige Grund, entlang der Küsten unterwegs zu sein.

Zur Kaphalbinsel zieht es wohl jeden Reisenden. An ihrer südlichen Spitze befinden sich das bei Seefahrern einst beliebte Kap der Guten Hoffnung und Cape Point, ein Kliff, das häufig mit besagtem Kap verwechselt wird. Das Meer liegt einem zu Füßen und der Blick gleitet in die Weite – von hier ab kommt nichts mehr. Vorher allerdings sollte man unbedingt einen Abstecher nach Boulders Beach oder Foxy Beach gemacht haben; zwei Strandabschnitte in Simon's Town, an denen ca. 3.000 Brillenpinguine leben und wo Besucher neben Pinguinen im Wasser plantschen können. Wer die Big Five noch auf die Big Seven erweitern will, sollte der Walhauptstadt Südafrikas, Hermanus, etwas östlich von Kapstadt gelegen, einen Besuch abstatten. Südliche Glattwale, Buckelwale und Brydewale finden sich in den ruhigen Gewässern nahe Dyer Island zur Paarung ein.

## Lesotho – Das Königreich im Himmel

**Dieses fast unbekannte und leicht zu übersehende Land liegt in den wildromantischen Drakensbergen und ist ein Wandereldorado mit Hochgebirgscharakter.**

Wer es die abenteuerliche 4x4-Strecke hinauf zum Sani Pass geschafft hat, der wähnt sich tatsächlich im Himmel, zumindest ist man ihm hier um einiges näher. Der Pass ist einer der vier wichtigsten Grenzübergänge von Südafrika zur parlamentarischen Monarchie Lesotho. Die Enklave ist eines der höchstgelegenen Länder der Erde, daher der Beiname. Die Ebenen liegen vielfach oberhalb von 2.000 Metern, die Berggipfel übersteigen 3.000 Meter. Der höchste Berg des gesamten Südlichen Afrika ist der Thabana Ntlenyana mit 3.482 Metern. Die Hochplateaus sind durchzogen von Flusstälern und Inselbergen. Die östlichen Landesteile liegen innerhalb der Drakensberge, die in Lesotho Maloti-Berge heißen und einen natürlichen Grenzwall zum großen Nachbarn bilden. Für Touristen ist das Bergkönigreich, nicht größer als Belgien, noch ein Geheimtipp. Die Täler duften nach wildem Salbei, und die Hochebenen sind weitgehend baumlos. Auf dem Rücken der traditionellen Basotho-Ponys geht es querfeldein durch eine Landschaft ohne Zäune und Straßenverkehr. Die Basotho mit ihren traditionellen bunten Hirtenwolldecken und dem kegelförmigen Strohhut fragen Fremde gern nach dem Woher und dem Wohin oder gewähren auch mal Unterschlupf. Tagsüber geht es durch eine unberührte Landschaft in den verschiedensten Grün- und Brauntönen, und nachts leuchten Milchstraße und Kreuz des Südens am sternenklaren tiefschwarzen afrikanischen Nachthimmel.

Der Weiße Hai ist hier zu Hause. Die Tiere lassen sich ganz bequem von der Küstenpromenade oder dem idyllischen Küstenwanderpfad aus beobachten.

Die Kaphalbinsel sowie die Südküste sind ein Eldorado für Botaniker. Die Kapflora, auch Kapensis, ist das kleinste und artenreichste der sechs kontinentalen Florenreiche der Erde. Mit 9.700 Blütenpflanzenarten, 70 % davon endemisch, sind das mehr als in Gesamt-Großbritannien. Vom übrigen Kontinent trennt ein Wüstengürtel aus Karoo und Namib den immergrünen Fynbos *(feiner Busch)*, unter dem man die strauchartigen Gewächse mit verschiedenstem Blattwerk versteht. Viele Pflanzen werden heute in Europa als Zierpflanzen gezüchtet. Seit 2004 steht die Kapflora auf der Welterbeliste der UNESCO.

### Unterwegs im Auto, mit dem Boot und auf Schusters Rappen

Die Garden Route zwischen Kapstadt und Port Elizabeth ist Südafrikas Sehnsuchtsstraße schlechthin. Sie führt direkt durch den Garden-Route-Nationalpark. Zwischen Mossel Bay und St. Francis Bay reihen sich traumhaft schöne Küstenlandschaften aneinander. Immer der N2 folgend, bestimmt die Natur das Reisetempo. Runter vom Gas und – schauen, anhalten, genießen.

*„Erica discolor" im Grootbos Nature Reserve.*

Gourmets gilt Knysna im Herzen der Garden Route als Stadt der Austern, die hier seit 70 Jahren gezüchtet werden. Naturfreunden ist eher der Knysna Lourie, Vogelwahrzeichen der Region, oder das Knysna Seepferdchen bekannt. Der Ottertrail (42km) und der Tsitsikammatrail (72km) sind Ziel Nummer eins für Wanderenthusiasten im Tsitsikamma National Park. Sie führen durch eine weitgehend unberührte Naturlandschaft, in der auch Exemplare der über 800 Jahre alten Yellowwood-Bäume zu finden sind. Für weniger wanderlustige Besucher führt ein kurzer Spaziergang, auf dem man mit großer Sicherheit einem der possierlichen Klippschliefer begegnet, zur 77 m langen Hängebrücke über die Mündung des Storms River. Sie ist nur für 25 Personen zugelassen – und man sollte schon schwindelfrei sein, wenn sie über dem 9 m tiefen Abgrund zu schaukeln beginnt.

An der Ostküste weiter hinauf Richtung Mosambik wartet eine Wunderwelt aus Wasserwegen. Der iSimangaliso Wetland Park ist seit 1999 UNESCO-Weltnaturerbe. Der einzige Ort Südafrikas mit subtropischem Klima besteht aus Lagunen, Reet- und Papyrus-Sümpfen, Mangroven- und Sumpfwäldern, verschiedenen Arten von Bushveld und Savannen, subtropischem Küstenwald, den zweithöchsten bewaldeten Dünen der Welt und Sandstränden sowie den südlichsten Korallenriffen Afrikas. Das Herz des Parks, der Lake St. Lucia, ist kein Süßwassersee, sondern eine zur Küste parallel verlaufende Lagune mit unterschiedlich hohem Salzgehalt. In diesem einmaligen Ökosystem kann sich noch die ursprüngliche Tier- und Pflanzenwelt entfalten. Neben den größten Krokodil- und Flusspferdbeständen Südafrikas gibt es auch die höchste Dichte an Amphibien überhaupt. Sogar Buckelwale ziehen auf ihrer Reise hier vorbei. iSimangaliso bedeutet in der Sprache der Zulu „Wunder" – und diesen Namen trägt der Park zu Recht.

Die Drakensberge, das Dach Südafrikas, sind ein Paradies für Wanderer. Die Zulu nennen sie wegen der zahlreichen Schluchten und Zinnen uKhahlamba (*deutsch: Wand der aufgestellten Speere*), und die burischen Siedler glaubten, in ihnen Drachen zu sehen.

*Drakensberge: Traumziel für abenteuerfreudige Wanderer.*

Entstanden sind die zerklüfteten Steilhänge des UNESCO-Welterbes durch Erosion. Dutzende Wanderrouten aller Schwierigkeitsgrade gibt es hier. Glasklare Flüsse und einsame Wasserfälle laden zum Baden ein. Eine Übernachtung in einer der Höhlen ist manchmal nicht nur die einzige Möglichkeit, sondern ebenso romantisch. In den südlichen Drakensbergen führt der Sani Pass hinauf ins Bergkönigreich Lesotho, Heimat des Reitervolkes der Basotho. Die Fahrt über den engen Pass ist abenteuerlich, doch am Ende winkt ein Besuch im höchsten Pub Afrikas.

Es gäbe noch so viel anderes zu entdecken: das riesige Wüstengebiet der Karoo, die donnernden Wassermassen des Oranje River an den Augrabies Falls, die spektakuläre Gebirgswüste im Richtersveld-Nationalpark, die bedrohten Kap-Bergzebras im Mountain-Zebra-Nationalpark, die nach Orangen verrückten Elefanten des Addo-Elephant-Nationalparks, die massiven farbenprächtigen Sandsteinformationen im Golden-Gate-Highlands-Nationalpark oder die mächtigste Massenbewegung im Tierreich – der Sardinen-Run vor der Ostküste … und, und, und …

## Typisch Südafrika

Egal, wo man in diesem vielfältigen Land unterwegs ist, ein paar Dinge begegnen dem Reisenden immer wieder. Das Nationalgetränk der Südafrikaner wärmt auch so manchen Europäer an kalten Winterabenden: Rooibos-Tee. Der Rooibos, *Aspalathus linearis*, wächst nur in der trockenen Halbwüste am Rande des Große-Karoo-Plateaus. Im Gebiet der Zederberge nördlich von Kapstadt befindet sich das weltweit einzige gewerbliche Anbaugebiet. Diesem fruchtig schmeckenden und koffeinfreien Tee, der auch reich an Mineralstoffen ist, werden verschiedene gesundheitsfördernde Eigenschaften nachgesagt. Ein Heißgetränk, das auch kalt super schmeckt.

Eine südafrikanische Spezialität ganz anderer Art ist Biltong, Trockenfleisch, das einst unter dem Sattel von Viehhirten durch Massage und Pferdeschweiß seine besondere Würze erhielt. Heute wird es mit einer Marinade aus Essig, Salz, Zucker und anderen Gewürzen luftgetrocknet. Neben Rind und Antilope sollten Experimentierfreudige auch Strauß oder Zebra probieren. Wer lieber frisches Fleisch mag, kommt um einen südafrikanischen Volkssport einfach nicht herum: braai. Das ist Grillen als gesellschaftliches Ereignis. Es genießt einen hohen Stellenwert, und tatsächlich gibt es viele Braaiplätze auch in öffentlichen Grünanlagen. Selbstverständlich braucht man Boerewors für ein zünftiges Braai. Die burische Bauernwurst ist eine Kombination aus Rind und Schwein mit Gewürzen wie Koriander, Nelken und Muskatnuss. Ansonsten wird über dem offenen Feuer des Braaistands Rind, Lamm, Geflügel, Kudu, Springbock oder Strauß gegrillt.

Der König der afrikanischen Bäume, der Marula, erlangte internationale Berühmtheit durch den extrem populären Amarula-Likör, der in Südafrika hergestellt wird. Die bis zu 20 m hohen, stark belaubten Bäume wachsen überall südlich der Sahara. In ihrem Schatten wurden so manche Entscheidungen bei Stammesversammlungen getroffen. In der traditionellen Medizin werden Rinde, Wurzeln und Blätter verwendet. Die Vitamin-C-reichen, ölhaltigen Kerne sind als Essen der Könige bekannt und gelten als Delikatesse. Die Marke Amarula unterstützt mit dem „Amarula Elephant Research Programme" (AERP) an der Universität in Durban die Elefantenforschung mit dem Ziel, deren Lebensraum zu schützen und ihre Zukunft in freier Wildbahn zu sichern. Und ganz ehrlich: Ein Likörchen in Ehren kann keiner verwehren, besonders am Ende eines aufregenden Tages in bezaubernden Landschaften.

*Aus der Marulafrucht entsteht der leckere Amarula-Sahne-Likör.*

*Elefanten mit sehr langen Stoßzähnen, sogenannte „Big Tuskers", werden wegen der Wilderei leider immer seltener.*

*Kämpfende Warzenschweine im Addo-Nationalpark.*

*Junge Löwen am Wasserloch in der Kalahari.*

*Impala-Antilopen reihen sich am Wasserloch auf.*

*Stolzes Kudu-Männchen im privaten Wildschutzgebiet Tswalu Kalahari.*

*Ein immer selteneres Bild: Spitzmaul-Nashorn mit vollständigem Horn – denn diese werden heute oft gekürzt, um sie für Wilderer uninteressant zu machen.*

*Ein wachsamer Pavian am Kap der Guten Hoffnung.*

*Schon die Kleinsten der Erdmännchen sind wachsam.*

*Auge in Auge mit einem Warzenschwein in Ingwelala.*

*Streifenmangusten auf der Jagd.*

*Flusspferd im Abendlicht.*

*Gelbbauch-Sandrennnatter – leicht giftig, aber nicht unbedingt aggressiv.*

*Lambert's Bay ist eine von nur sechs Stellen weltweit, an denen Kap-Tölpel brüten. Im Dezember 2005 floh die ganze Kolonie nach einem Seebären-Angriff an eine unzugängliche Stelle. Für den Tourismus bedeutete dieses einen Einbruch von 65 Prozent. Deshalb beauftragte die Stadt einen lokalen Künstler, 200 Tölpel-Attrappen anzufertigen; diese wurden auf dem alten Brutplatz in die Nester gesetzt. Innerhalb weniger Stunden landeten die ersten Kaptölpel an Ort und Stelle und begannen, die vermeintlichen Rivalen aus ihren Nestern zu werfen. 2007 lebten schon wieder über 10.000 Kaptölpel auf der Insel.*

*Kap-Tölpel im Landeanflug auf die Kolonie in Lambert's Bay.*

*Helmturako*

*Kämpfende Möwen vor Seal Island.*

*Nilgans – bekannt dafür, dass sie gern frisch ausgesäte Felder „aberntet".*

*Die Augen eines Vogel Strauß wiegen das Doppelte seines Gehirns, daher auch der Spruch: „Light is on, but nobody is at home".*

*Gelbschnabeltoko – auch „fliegende Banane" genannt.*

*In der False Bay haben Weiße Haie eine besondere Jagdtechnik entwickelt, bei der sie aus der Tiefe emporschießen und sich die Robben packen.*

*Von Juli bis November tummeln sich hunderte Südkaper in der Walker Bay bei Hermanus.*

*Goldene Radnetzspinnen/Seidenspinnen bei der Paarung. Das Männchen muss sehr behutsam und flink sein, um nicht nach der Paarung vom größeren Weibchen verspeist zu werden.*

*Ein ganz junges Kap-Zwerg-Chamäleon.*

*Wenn sie ausgewachsen sind, gehören auch größere Gottesanbeterinnen zur Leibspeise der Chamäleons. Dies kann manchmal in richtigen Kämpfen enden.*

*Farbenprächtige Libelle, die sich bei der Makroaufnahme sehr kooperativ verhielt.*

*Flamingos in einem Vlei bei Muizenberg.*

*Ein junger Kapuhu (Cape Eagle Owl) beobachtete uns argwöhnisch, als wir uns dem Nest näherten.*

*Seltenes Schuppentier im Tswalu-Kalahari-Wildschutzgebiet.*

*Khayelitsha, das größte Township bei Kapstadt, mit einer Arbeitslosenrate von 75 % – die Einwohnerzahl kann nur geschätzt werden, soll aber bei mehr als einer Million liegen. In isiXhosa bedeutet Khayelitsha „neue Heimat".*

*Junges Xhosa-Mädchen im Sonntagskleid in der bekannten St. Gabriels Catholic Church in Gugulethu.*

*Street Life in Kapstadt: In den Touristenzentren um die Long Street und am Green Market ist immer etwas los.*

*Muisbosskerm, ein bekanntes Open-Air-Fischrestaurant an der Westküste bei Lambert's Bay.*

*Fischerboote in Lambert's Bay nahe der Kaptölpel-Kolonie.*

In der Kirche in Gugulethu wird schon vor dem Gottesdienst viel gesungen.

Athletische Darstellung am Green Market in Kapstadt.

*Der neue Leuchtturm am Kap der Guten Hoffnung.*

*Im De-Hoop-National-park sind viele Outdoor-Aktivitäten möglich, wie zum Beispiel Mountain-bike-Touren und mehr-tägige Wanderungen.*

*„Tischtuch" am Tafelberg, bzw. den zwölf Aposteln, im Abendlicht mit nach unten gleitenden und sich auflösenden Wolken.*

*Herbststimmung bei einem Rundflug um das Kap der Guten Hoffnung.*

*Blick auf den Tafelberg vom Constantiaberg aus, nur etwa 100 m niedriger als der Tafelberg.*

*Camps Bay mit den 12 Aposteln – ein Nobelvorort von Kapstadt.*

*Llandudno mit Hout Bay im Hintergrund.*

*Küstenregion bei De Kelders, Grootbos Naturreservat.*

*Mapungubwe-Nationalpark*

# Namibia

## *Das Land luxuriöser Weite*

„Du kommst und du gehst, doch wenn du wiederkommst, wirst du bleiben." Mit dieser Volksweisheit der San ist eigentlich alles über die Faszination Namibias gesagt. Der Blick verliert sich in der Ferne, der Horizont scheint endlos zu sein, das Licht malt die Landschaft in immer neuen Farben, der klare Himmel präsentiert tagsüber strahlenden Sonnenschein und nachts den atemberaubendsten Sternenhimmel.

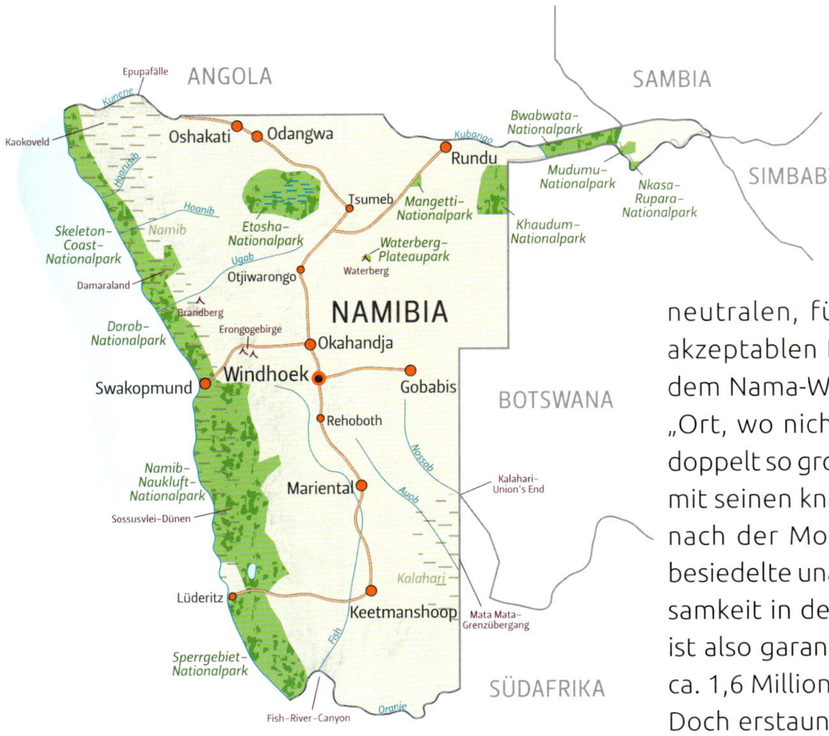


Die endlosen Weiten der Namib gaben dem Land seinen Namen. Ideengeber Professor Mburumba Kerina suchte nach einer neutralen, für alle vertretenen Ethnien akzeptablen Bezeichnung und fand sie in dem Nama-Wort, das so viel bedeutet wie „Ort, wo nichts ist". Namibia ist mehr als doppelt so groß wie Deutschland, zählt aber mit seinen knapp drei Einwohnern pro km² nach der Mongolei als der am dünnsten besiedelte unabhängige Staat der Erde. Einsamkeit in den namibischen Landschaften ist also garantiert, wenn man mal von den ca. 1,6 Millionen Touristen im Jahr absieht. Doch erstaunlicherweise verläuft sich das. Wer auf Namibias Straßen unterwegs ist, hat häufig das Gefühl, weit und breit der einzige Mensch zu sein.

Im Norden grenzt Namibia an Angola und Sambia, im Osten an Botswana sowie im Süden an Südafrika. Im Westen öffnet sich das Land dem Atlantik. Die sonst wie mit dem Lineal gezogenen Grenzen durchbricht nur im Norden der nach Osten verlaufende Caprivistreifen. Ganz am östlichsten Ende dieses Zipfels, mitten im Sambesi, verfehlen die afrikanischen Staaten Namibia, Sambia, Simbabwe und Botswana nur um ca. 100 Meter das einzige echte Vierländereck der Erde. Trotz der Größe ist Namibia in weniger Regionen eingeteilt, nämlich 14 an der Zahl, als Deutschland Bundesländer hat. Die 2,3 Millionen Einwohner, von denen über die Hälfte minderjährig sind, leben vor allem in Zentralnamibia und im Norden des Landes. Windhoek, die Hauptstadt Namibias, ist mit fast 326.000 Einwohnern mit Abstand die bevölkerungsreichste Stadt und das wirtschaftliche Zentrum. Fast alles in Namibia hat eine Nord-Süd-Ausrichtung: die Landschaftsformationen, die Infrastruktur, die Touristenströme.

*Die schönsten namibischen Dünen um Sossusvlei.*

## Erzähl mir eine alte Geschichte

Für die Geschichte der vorkolonialen Ära Namibias gibt es kaum historische Schriftstücke, allein mündliche Erzählungen legen Zeugnis ab. Dabei hat jeder der hier lebenden Stämme seine ganz eigenen Überlieferungen. Nach dem Fund von Knochenfragmenten in der Kombat-Mine bei Otavi gilt als gesichert, dass der Südwesten Afrikas bereits seit 12 Millionen Jahren besiedelt ist. Die Zeichnungen in der Apollo-11-Grotte in den Hunsbergen sind ca. 27.000 Jahre alt und die ältesten Kleinkunstwerke Afrikas. Die Felszeichnungen und -gravuren in Twyfelfontein und dem Erongo-Gebirge, die auch heute noch besichtigt werden können, werden auf 4.000 v.Chr. geschätzt und den Jägern und Sammlern der Mittel- und Jungsteinzeit zugeschrieben.

Die Völker der San und Damara leben vermutlich seit 2.500 Jahren im Gebiet des heutigen Namibia. Lange Zeit blieben die unwirtlichen Küstengegenden Namibias unentdeckt. Sogar die große Seefahrernation Portugal ließ nur zwei steinerne Kreuze zurück, eines von Diogo Cão 1486 am Cape Cross und eines von Bartolomeu Dias 1489 in der späteren Bucht von Lüderitz. Mit den afrikanischen Völkerwanderungen des 16. und 17. Jahrhunderts kamen Herero und Himba aus dem Norden und im 19. Jahrhundert die Nama und Afrikaaner aus dem Süden. Die San wurden immer weiter nach Osten in die Kalahari abgedrängt, wo sie

auch heute noch leben, eher geduldet als willkommen. Das Hirtenvolk der Damara hat seine Heimat im südlichen Kaokoveld gefunden.

## Jeder gegen jeden

Walfänger und Guanohändler waren lange Zeit die Einzigen, die in den kalten Gewässern vor Namibias Küste auftauchten. Wie in vielen afrikanischen Ländern kommt auch in Namibia den Missionaren eine entscheidende Rolle bei der Inbesitznahme zu. Nicht allein die „Rettung der Seelen", sondern vor allem die Einflussnahme auf die Bevölkerung stand im Fokus, als 1805 die Brüder Albrecht im Auftrag der Londoner Missionsgesellschaft und 1842 Vertreter der Rheinischen Missionsgesellschaft ankamen. Die von den Holländern vertriebenen Orlam-Nama verließen ihre südafrikanische Heimat und zogen Richtung Norden ins Landesinnere von Namibia. Als sie sich unter der Führung von Joncker Afrikaner 1840 in einem quellenreichen Tal des Hochplateaus niederließen, legten sie damit den Grundstein für die spätere Hauptstadt Windhoek.

Mitte des 19. Jahrhunderts spitzten sich die Auseinandersetzungen um Weideland und Jagdgründe zwischen Nama und Herero zu. Die Ansprüche beider Seiten führten wiederholt zu Kampfhandlungen. Da die Sicherheit der deutschen Missionsstation in Windhoek nicht mehr gewährleistet war, baten die Missionare das neu entstandene Deutsche Reich um Schutz. Reichskanzler Otto von Bismarck jedoch hatte zu Beginn seiner Amtszeit wenig Interesse an deutschen Kolonialgebieten. Wohingegen die Briten mit ängstlichem Blick auf den schnellen Machtzuwachs der Deutschen in Europa umgehend handelten und 1878 das Gebiet um Walvis Bay zu ihrem Besitz erklärten.

## Deutscher Größenwahn

Der Bremer Kaufmann Adolf Lüderitz war der Erste, der den Nama Land „abkaufte", um seinen Tabakhandel auf Afrika auszudehnen. Die Sehnsucht nach Rohstoffen, Märkten und neuen Siedlungsräumen heizte im Deutschen Reich ein regelrechtes Kolonialfieber an. Am 24. April 1884 proklamierte Reichskanzler Bismarck das Gebiet

*Der Fish-River-Canyon gilt nach dem Grand Canyon als der zweitgrößte Canyon der Erde.*

zum deutschen Protektorat. Die Kolonie Deutsch-Südwestafrika war geboren. Mit den Portugiesen wurden der Kunene-Fluss als Nordgrenze festgelegt und mit den Engländern die Süd- und Ostgrenzen ausgehandelt. Im „Sansibar-Vertrag" trat Deutschland 1890 Ansprüche auf das Sultanat Witu und die Insel Sansibar – beides in Ostafrika – an England ab und erhielt dafür die Nordseeinsel Helgoland und den nach dem amtierenden Reichskanzler Georg Leo von Caprivi benannten Landstreifen im Nordosten Namibias. Ziel war es, eine Verbindung zu schaffen von Deutsch-Südwest- nach Deutsch-Ostafrika. Die 110 m hohen Viktoriafälle machten jedoch einen Strich durch diese Rechnung und den Schiffsverkehr unmöglich.

Das Deutsche Reich verschenkte großzügig Land an ehemalige Soldaten der Schutztruppe und holte Siedler heran. Die rücksichtslose Landpolitik der Weißen und die katastrophale wirtschaftliche Lage nach den verheerenden Viehverlusten durch die Rinderpest von 1897 führten zu kriegerischen Auseinandersetzungen zwischen Siedlern und Einheimischen. Die deutsche Schutztruppe unter Generalleutnant Lothar von Trotha schlug den Aufstand der Herero in der Schlacht bei Hamakari unweit des Waterbergs 1904 brutal nieder. Von Trotha riegelte die fast wasserlose Omaheke-Kalahari, in die sich die Herero geflüchtet hatten, ab und holte zum Vernichtungsschlag aus, bei dem keine Gefangenen gemacht werden sollten. Schätzungsweise 60.000 bis 70.000 Männer, Frauen und Kinder überlebten diesen Genozid nicht. Noch heute stellen die Herero Reparationsforderungen an die deutsche Regierung.

## Vom Regen in die Traufe

Einen rasanten wirtschaftlichen Aufschwung erlebte Deutsch-Südwestafrika, als 1908 bei Lüderitz der erste Diamant gefunden und damit ein regelrechter Diamantenrausch ausgelöst wurde. Doch der Ausbruch

*Joe's Beerhouse in Windhoek ist sehr populär und die richtige Adresse für Fleischliebhaber.*

des Ersten Weltkrieges beendete die hochfliegenden deutschen Träume. Die vereinbarte Neutralität ignorierend, marschierte Louis Botha 1914 überraschend mit südafrikanischen Truppen ein und zwang die Schutztruppe ein halbes Jahr später zur Kapitulation. Kurz zuvor versenkten die Deutschen einen Teil ihrer Ausrüstung sowie Gerüchten zufolge auch Gold und Diamanten im Otjikotosee. Noch heute steht am See eine Tafel, auf der die Kanonen und ein Geldschrank unbekannten Inhalts aufgelistet werden. Damit war die jüngste europäische Kolonialmacht Geschichte.

Der Versailler Vertrag unterstellte Südwestafrika dem Völkerbund und ernannte Südafrika zur Mandatsmacht. 4.000 Deutsche wurden ausgewiesen; mit dem Londoner Abkommen von 1923 wurde den restlichen Deutschen ein Bleiberecht eingeräumt. Südafrika strebte eine Eingliederung des Gebiets als fünfte Provinz an. Die Hoffnung der Völker Südwestafrikas, ihr annektiertes Land wiederzubekommen, wurde bitter enttäuscht. Stattdessen wurden Apartheid, Homelandpolitik, weiße Dominanz und Ausbeutung schwarzer Arbeitskraft einfach von Südafrika in das Mandatsgebiet übertragen.

## Lichtschein am Ende des Tunnels

Nach Beendigung des Zweiten Weltkrieges weigerte sich Südafrika, das Mandat der UNO für Südwestafrika anzuerkennen. In den 60er Jahren ignorierte Südafrika mehrfach die Aufforderungen der UNO, sich aus dem Gebiet zurückzuziehen. Erst als der Internationale Gerichtshof 1971 die südafrikanische Verwaltung für illegal erklärte, war man bereit, Südwestafrika nach einer Übergangsphase unbestimmter Länge in die Unabhängigkeit zu entlassen. Diese sollte sich bis zum Ende der 80er Jahre hinziehen. Erst nach den ersten freien Wahlen im November 1989 zogen sich die südafrikanischen Streitkräfte aus der neuen Republik Namibia zurück.

Als eines der letzten afrikanischen Länder erhielt Namibia nach mehr als 100 Jahren Fremdherrschaft am 21. März 1990 seine Unabhängigkeit. Unangefochtene Regierungspartei ist seitdem die SWAPO, die maßgeblich den Befreiungskampf in Namibia geführt hatte. Sam Nujoma, SWAPO-Führer und gewählter Präsident, regierte das Land drei Amtsperioden lang. Der seit 2015 amtierende dritte Präsident Namibias Hage Geingob hat mit dem von ihm ins Leben gerufenen Harambee-Wohlstandsprogramm Großes vor. Noch immer sind die sozialen Gegensätze sehr groß, und Deutschland ist aus seiner moralischen Verantwortung nicht entlassen. 75 Jahre südafrikanische Herrschaft haben mit Rassentrennung sowie Ungleichheit Spuren hinterlassen, und doch ist die „nur“ 30 Jahre dauernde deutsche Kolonialherrschaft gegenwärtiger geblieben.

*Im Otjikotosee sollen laut einem Hinweisschild außer einem Geldschrank – mit unbekanntem Inhalt – noch 19 unterschiedliche Kanonen liegen.*

## Streifen für Streifen ein klimatischer Wandel

Namibia liegt im Trockengürtel der Südhalbkugel. Es gliedert sich von West nach Ost in fünf Naturräume: den Küstenstreifen, die Große Randstufe, das Binnenhochland, das Kalaharibecken und das Kavango-Caprivi-Gebiet.

Namibias Küste ist nur wenig von Buchten und vorgelagerten Inseln geprägt. Die maximal 140 km breite Küstenebene wird dominiert von der ältesten Wüste der Welt: der Namib. Hier treffen windgepeitschte Atlantikwellen auf ein Meer aus Sand und Geröll. 12.000 km² Küstengewässer und fast 110.000 km² einsame Wüstenlandschaften bilden eine einmalige Ökoregion. Der Kuiseb, ein nur saisonal wasserführender Fluss, trennt das große Sandmeer im Süden von Geröll- und Felsen-Namib im Norden.

Die steinernen Orgelpfeifen bei Twyfelfontein entstanden vor 150 Millionen Jahren.

Die Namib steigt zur Großen Randstufe hin bis auf 600 m Höhe an. Das sogenannte Escarpment verläuft parallel zur Küste und bildet die Fortsetzung des Geländeabbruchs von Südafrika. Dieser Gebirgszug trennt den Küstenstreifen vom Binnenhochland und erreicht Höhen von bis zu 2.000 m. Viele Gebirge sind Teil der Randstufe, die ungefähr in der Mitte eine Lücke aufweist und durch Erosion unterbrochen ist.

Die zerklüfteten Bergketten und markanten Felsformationen des anschließenden Binnenhochlandes durchziehen Namibia von Nord nach Süd. Die endlosen Ebenen im Süden werden vom zweitgrößten Can-yon der Welt zerschnitten, dem Fish-River-Canyon.

Die im Binnenhochland liegenden Städte Oshakati, Tsumeb, Otjiwarongo, Windhoek, Mariental und Keetmanshoop reihen sich wie an einer Schnur von Nord nach Süd aneinander. Das Hochplateau, das Höhen von 1.000 bis 2000 m erreicht, flacht nach Osten hin ab und geht an der Grenze zu Botswana in die Kalahariwüste über.

Einen ganz eigenen Naturraum bildet das Kavango-Caprivi-Gebiet. Subtropische Temperaturen und eine relativ hohe Luftfeuchtigkeit sorgen für ein üppig grünes Waldland, das im drastischen Kontrast zum Rest des Landes steht. Die Sümpfe im Osten des Caprivi-Streifens sind bereits ein Vorgeschmack auf das Okavango-Delta in Botswana.

Dauerhaft wasserführende Flüsse gibt es im Landesinneren von Namibia keinen einzigen. Die großen Flüsse bilden die Grenzen zu den Nachbarstaaten: der Oranje zu Südafrika; Kunene, Okavango und Sambesi zu Angola und Sambia; das Flusssystem aus Kwando, Linyanti und Chobe im Caprivi-Streifen zu Botswana.

## Vater Staat schützt Mutter Natur

Namibia ist auf dem afrikanischen Kontinent ein Vorreiter in Sachen Umweltschutz sowie Artenerhalt und das erste Land der Welt, das den Naturschutz in seiner Verfassung verankert hat. Artikel 95 besagt: „Der Staat soll aktiv für das Wohlergehen der Menschen sorgen durch eine Politik, die unter anderem

darauf abzielt, Ökosysteme und biologische Vielfalt Namibias zu erhalten, sowohl jetzt als auch in der Zukunft." Ein im Hinblick auf wirtschaftliche Notwendigkeiten nicht immer ganz einfach umzusetzender Vorsatz in der jungen Demokratie. Knapp 17 % der Landesfläche Namibias stehen unter direktem staatlichem Schutz, hinzu kommen etwa 21 %, die als Conservancies teilstaatlich geschützt sind. Wichtigstes Element ist die Einbeziehung der lokalen Bevölkerung. Die Ausbildung zu Rangern, Köchen und Kellnern sowie die Weiterentwicklung ins Management werden zum Teil von auf Nachhaltigkeit setzenden Tourismusunternehmen finanziert, zum Teil aber auch aus Mitteln der Deutschen Investitions- und Entwicklungsgesellschaft. Auch die staatliche Parkgesellschaft setzt auf das wachsende ökologische Bewusstsein in Namibia.

## Naturschutz von Nord bis Süd

Die 1.570 km lange Atlantikküste Namibias ist die weltweit längste geschützte Meeresküste. Seit jeher lehrt sie die Menschen das Fürchten. Bis heute havarieren Schiffe aufgrund unberechenbarer Strömungen, tückischer Felsen und Untiefen. Die portugiesischen Seefahrer nannten sie „das Tor zur Hölle". Die Überlebenden, die sich in den letzten Jahrhunderten an Land retten konnten, starben meist in der Namib den Hunger- und Dursttod. Heute trägt nur noch der Abschnitt nördlich von Swakopmund offiziell

*Einfahrt in den berühmt-berüchtigten Skeleton-Coast-Nationalpark.*

*Schiffswrack am Pelican Point bei Walvis Bay.*

Oryxantilope in der Namib-Rand-Wüste.

Typischer Wiegegang eines Chamäleons.

den Namen Skelettküste, der größte Schiffsfriedhof der Welt. Zwischen Kunene-Fluss an der angolanischen Grenze und der Mündung des Ugab-Flusses erstreckt sich der nur 30 bis 40 km breite Skeleton-Coast-Nationalpark; gefühlt eine karge Gegend am Ende der Welt. Für Touristen ist nur der Teil bis Terrace Bay frei zugänglich. Weiter nördlich liegt ein streng geschütztes Konzessionsgebiet, das ausschließlich auf einer Flugsafari erreichbar ist. Mit etwas Glück begegnet man den weltweit einzigartigen Wüstenelefanten: Sie sind deutlich kleiner als ihre Savannen-Artgenossen, haben größere Füße und können bis zu vier Tagen, ohne Wasser überleben. Ein ganz besonderes Highlight ist die Begegnung mit den äußerst seltenen Wüstenlöwen.

Der Dorob-Nationalpark fungiert seit 2010 als Bindeglied zwischen Skeleton-Coast- und Namib-Naukluft-Nationalpark. Vor der Küste bei Cape Cross versammelt sich die größte Robbenkolonie Afrikas, unüberhörbar und einer empfindlichen Nase nicht zuträglich. Südlich des Kuiseb-Flusses entspricht das Land dem allgemeinen Klischee: orangefarbener bis dunkelroter Sand soweit das Auge reicht; ein expressives Meer an Farben, Formen und Kontrasten. Die Sanddünen von Sossusvlei gehören mit 300 m zu den höchsten der Welt. Ein beständiger Südwestwind verweht sie kontinuierlich ins Landesinnere. Die abgestorbenen, hunderte Jahre alten Kameldornbäume im Deadvlei sind eines der bekanntesten Fotomotive.

## Die Wüste lebt

Mitten im UNESCO-Welterbe leben die „Little Five". Dem Namaqua-Chamäleon macht die Hitze von über 50 Grad dank seiner wandelbaren Farbe nichts aus. Die „tanzende weiße Dame", die eigentlich Afrikanische Radspinne heißt, entkommt ihren Feinden per Radschlag die Düne hinunter mit 44 Umdrehungen in der Sekunde. Die Wüsteneidechse wagt bei zunehmender Hitze ein Tänzchen und steht nur auf zwei Beinen, mal vorn links und hinten rechts, mal umgekehrt. Der winzige und fast durchsichtige Namib-Gecko setzt zur Fortbewegung im Sand seine Zehenflossen wie Schneeschuhe ein. Das Quintett komplett macht die sich seitwärts schlängelnde Zwergpuffotter. Aber auch das Wappentier Namibias, die Oryxantilope, ist in der Wüste zu Hause. Zähigkeit und Anspruchslosigkeit sowie eine Köpertemperatur bis 46 Grad machen sie zu einem Überlebensspezialisten.

Wie die Atacamawüste in Südamerika und die Sonorawüste in Mexiko ist auch die Namib ein klassisches Beispiel für eine Nebelwüste. Diese ökologische Sonderform der Küstenwüsten bildet sich im Einflussbereich kalter Meeresströmungen an der kontinentalen Westseite aus. Die Namib ist mit 20 mm Niederschlag im Jahr einer der trockensten Orte der Welt, obwohl sie direkt am Atlantik liegt – oder vielleicht gerade deshalb. Die für Flora und Fauna überlebenswichtige Feuchtigkeit bringt der Nebel. Durch warme Passatwinde, den kalten Benguelastrom und die durch Abkühlung einsetzende Kondensation bildet sich eine stabile Inversionswetterlage, bei der Nebelbänke durch den Seewind bis zu 80 km oder weiter ins Land getragen werden. Spezialisten wie der Nebeltrinker-Käfer haben sich darauf eingestellt, per Kopfstand lässt er sich das Nass Tropfen für Tropfen vom Hinterteil zum Maul fließen. Der Namib-Gecko hat es da einfacher, er kann die Nässe einfach von seinen Glupschaugen lecken.

## Von Diamanten und Pinguinen

Das Gebiet zwischen Lüderitz und der Mündung des Oranje an der Grenze zu Südafrika wird vom Tsau-IIKhaeb-(Sperrgebiet)-Nationalpark bestimmt. Im April 1908 wurden bei Instandhaltungsarbeiten der Lüderitz-Eisenbahnstrecke Diamanten gefunden. Von da an war das Gebiet 100 Jahre für die Öffentlichkeit absolut gesperrt. Seit 2008 gibt es Bestrebungen, 70 % des Gebietes teilweise für Touristen zu öffnen. Nach der Zusage einer deutschen Mitfinanzierung fand im Juli 2018 der erste Spatenstich für den Bau einer Infrastruktur statt. Man darf gespannt sein, ob die Pläne bis zum anvisierten Jahr 2022 umgesetzt werden.

Im Juli 2009 wurde das erste Meeres- und Inselschutzgebiet vor Namibias Küste ausgewiesen. Das Meob-Chamais Meeres- und Inselschutzgebiet erstreckt sich von der Meob-Bucht nördlich von Lüderitz bis zur Chamais-Bucht 400 Kilometer südlicher. Es schließt eine ganze Inselkette ein und beherbergt mehr als 14 Seevogelarten, Brillenpinguine und die weltweit größte Kormorankolonie.

## Zwischen staubiger Ödnis und grünem Paradies

Er ist der bekannteste und artenreichste Nationalpark Namibias: Etosha. Hitze flimmert über der Ebene. Einer Fata Morgana gleich, gaukeln die Luftspiegelungen dem Betrachter vor, was nur in sehr guten Regenjahren Realität wird – eine mit bis zu 10 cm Wasser gefüllte Lehmpfanne. Kaum vorstellbar, wenn man den Blick über die kalkweiße Ebene schweifen lässt, dass dann tausende Flamingos hier nach Krill fischen. Im diffusen Morgenlicht sieht die Landschaft unter dem weißen Staub aus wie eingeschneit.

*Zwei junge Seebären am Kreuzkap, einer der größten Seebären-Kolonien weltweit.*

Die Ovambo nennen den Ort „großer Platz des trockenen, weißen Wassers". Der bereits vor Millionen Jahren ausgetrocknete 6.000 km² große See ist Zentrum des Parks. Nur wenige Bäume und Büsche sowie viele Wasserstellen, natürliche und künstliche, sorgen für gute Beobachtungsmöglichkeiten. Bei der Morgen- und Abendtoilette herrscht eine penibel eingehaltene Rangordnung unter den Tieren. Das Motto für alle heißt: geduldig warten. Selbstfahrer sollten unbedingt die Maximalgeschwindigkeit von 60 km/h beachten, denn unvermutet quert ein Nashorn oder Elefant den Weg. Beide wissen sich Vorfahrt zu verschaffen. Aber auch für Giraffen, Steppen- oder Hartmann-Zebras sollte man immer bremsbereit sein. Ein ganz besonderes Erlebnis ist eine von den Camps angebotene Nachtsafari.

Rauschende Stromschnellen, tropisch grüne Landschaften und ein Tierreichtum, der seinesgleichen sucht – nein, in diesem Fall ist es keine Fata Morgana, sondern Realität im Caprivi-Streifen. Kein Kontrast könnte größer sein, als der zwischen dem trockenheißen Kernland Namibias und der Wasserwelt der Sambesi-Region, wie diese Landzunge seit 2012 offiziell heißt, und die auch gern als „kleines Okavango-Delta" bezeichnet wird. Zwischen Dattelpalmen und Affenbrotbäumen sind neben den Big Five auch Krokodile, Flusspferde, selten gewordene Wildhunde und unzählige Wasservögel heimisch. Die großen Flüsse Sambesi, Chobe, Kwando, Linyanti und Okavango sorgen für den Wasserreichtum. Seit 2012 gehört die

*Die Milchstraße über der Spitzkoppe – ein magischer Ort in der Weite Namibias.*

Region zum größten grenzüberschreitenden Schutzgebiet der Welt – dem Kavango-Zambezi-Transfrontier-Park.

## Galaktische Sphären und irdische Naturschönheiten

Nur wenige Länder bieten eine so klare Sicht auf den nächtlichen Sternenhimmel wie Namibia. Frei von Lichtverschmutzung, können Hobby-Astronomen an über 200 klaren Nächten in ferne Galaxien eintauchen. Von der „International Dark Sky Association" wurde das Namib-Rand Nature Reserve mit dem Titel „International Dark-Sky-Reservat" in Gold ausgezeichnet. Viele Lodges und Gästefarmen bieten eine eigene Astro-Infrastruktur an.

Es gäbe noch so viel mehr zu entdecken: die einsamste Gegend Namibias, das Kaokoveld im Norden, ist die Heimat der letzten Himba-Nomaden; für Bergwanderer ein echtes Muss ist eine geführte Tour auf den Waterberg, wo sich heute wieder Nashörner, Pferde- und Säbelantilopen sehen lassen; am Ende des Trans-Kalahari-Highways liegt das südlichste deutsche Seebad, wie Swakopmund gern genannt wird, wo die meisten deutschen Spuren zu finden sind; die rätselhaften Feenkreise am Ostrand der Namib, deren Herkunft noch immer nicht geklärt ist; die zerklüftete Landschaft der Naukluft-Berge, wo das bedrohte Hartmann-Zebra lebt; die Geisterstädte des Diamantenrauschs Kolmannskuppe oder Pomona, die einst von bis zu 300 Menschen bewohnt waren; die Nachkommen der von der deutschen Schutztruppe zurückgelassenen Pferde, die als Wüstenpferde in der Gegend von Aus überlebt haben; der Köcherbaumwald nordöstlich von Keetmanshoop, am besten im Juni oder Juli, wenn er blüht; … und, und, und …

## Typisch Namibia

Natürlich gibt es auch in Namibia einiges, das ziemlich besonders ist. Die Welwitschia mirabilis, die Wundersame, gehört mit Sicherheit dazu. Sie ist die wohl bekannteste Wüstenpflanze Namibias. Dieser Methusalem unter den Wundern der Natur wurde erst 1859 vom österreichischen Arzt und

Botaniker Friedrich Welwitsch entdeckt. Die in Namibia und dem südlichen Angola endemische Pflanze bildet nur zwei bis zu 3 m lange zerfranste und ausgezehrte Blätter, die ein Leben lang wachsen. Äußere Schönheit ist relativ. Die Samen keimen nur nach sehr seltenen Extremniederschlägen. Was wie ein Haufen verwelkten Grünzeugs aussieht, ist eine botanische Rarität. Es gab ein 2.000 Jahre altes Exemplar im Messumkrater, das leider von Campern vorsätzlich abgebrannt wurde. Was für ein Rowdytum!

Gourmets werden jetzt Augen machen. In der Kalahari wachsen Trüffel, und zwar echte Wüstentrüffel. Ergiebige Regenperioden sorgen für Trüffeljahre, und der kugelige, runzlige Speisepilz wächst nur wenige Zentimeter unter der Oberfläche. Zwischen Ende März und Anfang Mai wird geerntet. Aufgespürt werden die Pilze nicht etwa von Schweinen oder Hunden wie in Europa, sondern von Trüffelsuchern der San. Sie orientieren sich an den Symbiosepflanzen der Trüffel wie bestimmten Akazien-, wilden Melonen- und Federgrasarten. Kalahari-Trüffel werden mit 6 cm recht groß und kommen an den Fundstellen zahlreich vor. Kein Wunder also, dass bei einem Preis von fünf bis sechs Euro für das Kilo das schmackhafte Gemüse in köstlichen Rezepten kreativ Verwendung findet.

Und noch einem Luxus kann man im Südwesten Afrikas auch mit schmaler Geldbörse frönen: dem Austernessen. Die Nährstoffe des kalten Benguelastroms bescheren Namibias Gewässern einen ungewöhnlich großen Fischreichtum und machen sie zum idealen Revier der Austernzucht. In der Radfordbucht vor Lüderitz und in Walvis Bay werden etwa fünf Tonnen der weltweit begehrten Delikatesse pro Monat in Sieb- und Netzsäcken gezüchtet. Wer von Walvis Bay oder Swakopmund aus eine Bootstour zu den Robbenbänken macht, kommt in den Genuss eines unlimitierten Angebotes an Austern und Sekt. Für manchen vielleicht der eigentliche Reiz dieser Ausflüge.

*Die Welwitschia mirabilis hat es als Nationalpflanze bis ins Staatswappen Namibias geschafft. Sogar die Rugby-Nationalmannschaft trägt ihren Namen.*

*Die Wildpferde von Garub trotzen den widrigen Bedingungen, ihre Herkunft ist bis heute nicht ganz geklärt. Sicher ist, dass sie bis zur teilweisen Öffnung des Sperrgebietes 80 Jahre lang ungestört leben konnten.*

*Ein Gepard mit voller Geschwindigkeit in der Kurve – der Schwanz dient zum Stabilisieren.*

*Dieser junge Gepard schaut gespannt in die Zukunft.*

*Hohes Gras nach ergiebigem Regen bietet eine perfekte Deckung zum Anschleichen.*

*Sind die wunderschönen bernsteinfarbenen Augen der Geparde nicht zum Verlieben?*

*Ein Gepard in vollem Lauf hat nur alle 9 bis 11 Meter Bodenkontakt.*

*Gepard im warmen Abendlicht.*

*Erdhörnchen mit privatem Schattenspender.*

*Schlammbäder dienen Elefanten zur Hautpflege …*

*... der Rüssel wird als Dusche verwendet.*

*Die etwas kleineren Wüstenelefanten im Damaraland sind genauso fürsorglich wie ihre großen Verwandten.*

*Männlicher Strauß in der Etosha-Pfanne.*

*Klippschliefer sind die nächsten noch lebenden Artverwandten von Elefanten.*

*Spitzmaulnashörner sehen sehr schlecht, haben aber einen gut ausgebildeten Geruchssinn. Kommt man ihnen zu nahe, starten sie schon mal einen (Schein-)Angriff.*

*Giraffen in Etosha bei der Paarung – ein Geduldspiel für Fotografen.*

*Junge Giraffe im Morgenlicht.*

*Das Trinken ist für Giraffen schwierig und gefährlich, da sie in dieser Position leicht zur Beute werden können.*

*An den Wasserlöchern in der Etosha-Pfanne reihen sich die Tiere oft zum Trinken auf. Hier Steppenzebras …*

*… und Streifengnus.*

*Ein verliebtes Kudu-Paar.*

*Und auch Löwen können zärtlich miteinander umgehen.*

*Ungewöhnlicher, aber beliebter Platz zum Sonnen.*

*Ein Seebären-Bulle mit seinem Harem.*

*Die Pelikane in Wavis Bay sind an Menschen gewöhnt und landen auch gern auf den Touristenbooten.*

*Pelikan bei der Landung im Wasser.*

*Scharlachspint in Kalizo, einem Brutgebiet am Sambesi, wo sie im Sand des Flussufers ihre Nester bauen.*

*Natürlich wissen das auch die Greifvögel, hier ein angreifender Schwarzmilan im Sturzflug.*

*Leuchtend gelbes Auge eines Glanzstars.*

*Zwergflamingos in einer mit Wasser gefüllten Salzpfanne des Etosha-Nationalparks.*

*Exklusive Pelican Point Lodge auf der einsam gelegenen Halbinsel Pelican Point bei Walvis Bay mit Captain's Cove Suite ganz oben im Leuchtturm.*

*Mit der „Sailor" kamen 2008 illegale Fischer aus Angola, wurden gefasst und nach Walvis Bay geschleppt. Dann riss sich das Schiff los und strandete an der Küste. Nun ist es ein Brutplatz für Kormorane.*

*Bekannt durch den Apfelkuchen und die Tankstelle ist Solitaire häufig ein Zwischenstopp am Rande des Namib Naukluft Parks. Alte Fahrzeuge dienen hier als Dekoration …*

*… Im Kaokoveld dagegen werden nicht mehr genutzte Fahrzeuge einfach am Straßenrand liegen gelassen.*

*Tradition trifft auf Moderne: Himbafrau mit Mobiltelefon in Opuwo.*

*Junge Herero in traditioneller Tracht.*

*Himba-Familien leben als Nomaden und bauen ihre Hütten aus Lehm, wo Wasser für das Vieh ist.*

Die Bevölkerung, und besonders die Kinder, begegnen uns fast immer mit einem Lächeln.

Traditionelle Herstellung der Bastmatten in Lizaulu im Caprivi-Gebiet.

*Traditionelles Fortbewegungsmittel: der Eselskarren.*

*Polizeiparade in Opuwo.*

*Weit ab jeglicher Ortschaften treffen wir eine junge Frau, die uns stolz ihr Baby präsentiert.*

*Himbajunge mit typischen Zöpfen.*

*Eine junge Himba mit dem typischem roten Lehm auf der Haut, der von Steinen aus Angola stammt und mit Kräutern und Fett vermischt wird. Dies gilt als Schönheitssymbol und dient der Körperpflege.*

Der Sesriem-Canyon in der Nähe von Sossusvlei ist meist ausgetrocknet, doch in der Regenzeit fließt hier ein reißender Fluss.

Köcherbaum am Fish-River-Canyon.

*Panorama am Fish-River-Canyon.*

*Sundowner-Platz beim Damaraland-Camp.*

*Der Van-Zyls-Pass ist der berüchtigtste Pass in Namibia. Für 13 km sollte man mindestens 6 Stunden Fahrzeit einplanen.*

*Am Kwando Fluss.*

*Fish-River-Canyon*

*Typische Landschaft im weitläufigen Damaraland.*

*Sossusvlei*

*Sunset Point der Fish-River-Canyon-Lodge.*

*Blick über das Onjuwatal. Ein magischer Platz der Weite und Stille.*

*Dünenlandschaft bei Swakopmund.*

*Köcherbaum beim Fish-River-Canyon.*

*Diese robusten Bäume scheinen aus dem Felsen zu wachsen.*

# Botswana

## *Das Land begeisternder Unberührtheit*

Die Batswana sagen: „Reisen ist zu sehen" – und zu sehen gibt es in der ultimativen Safari-Destination Botswana eine ganze Menge. Die Kalahari beherrscht den größten Teil des Landes. Der Okavango verschwindet darin in einem riesigen Binnendelta. Wildtiere durchstreifen frei eine facettenreiche Landschaft von extrem karger Wüste über Savanne bis hin zu fruchtbaren Sümpfen. Hier schlägt das wilde Herz Afrikas noch unverfälscht. Diese afrikanische Oase der Demokratie hält viele Überraschungen bereit.

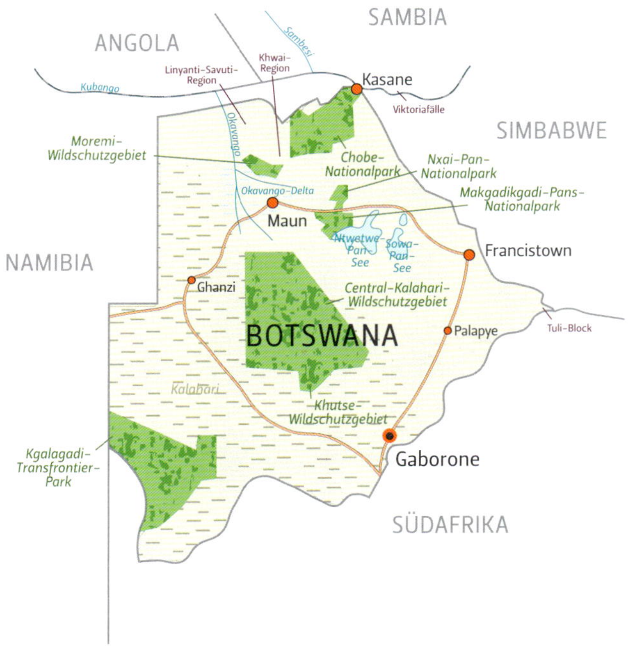


In Botswana dreht sich im Wesentlichen alles um zwei Dinge: Wasser und Diamanten. Ersteres hat für diesen Binnenstaat, der keinerlei Zugang zu den Weltmeeren hat und dazu noch mitten im Südlichen Afrika liegt, eine überlebenswichtige Bedeutung. Nicht verwunderlich also, dass der Begriff Pula, was so viel wie „Regen" bedeutet, gleich in mehrfacher Hinsicht gebraucht wird. Beim täglichen Einkauf rinnt der Pula als Zahlungsmittel dem Wasser gleich, das im Kalaharisand versickert, durch die Finger. Als Staatsmotto prangt der Schriftzug ganz hochoffiziell auf dem Wappen Botswanas. Im Sinne eines Toasts ist „Pula!" auf Festen allgegenwärtig. Regen und Wohlstand sind in einem so trockenen Land untrennbar miteinander verknüpft.

Geografisch grenzt Botswana im Süden und Südosten an Südafrika, im Westen verläuft die schnurgerade Grenze zu Namibia, und nordöstlich schließt sich Simbabwe an. Im Norden trennt nur die schmale namibische Sambesi-Region Botswana von seinem Nachbarn Angola. Mit seinem nördlichsten Zipfel erreicht Botswana den Sambesi, der an dieser Stelle vier Länder miteinander verbindet. Wie Namibia, gehört Botswana zu den am dünnsten besiedelten Ländern der Erde. Aufgrund seiner politischen Stabilität, der wirtschaftlichen Entwicklung und der stetigen Verbesserung der Lebensumstände wird Botswana, ähnlich wie Ruanda im Osten des Kontinents, auch gern als „Schweiz Afrikas" bezeichnet. Fast 70 % der Bevölkerung lebt in Städten, die sich wie die Hauptstadt Gaborone vorwiegend im Südosten und Osten entwickelt haben. Damit zählt Botswana zu den am stärksten urbanisierten Ländern des afrikanischen Erdteils.

## Die ungeklärte Herkunft

Nach vorherrschender Meinung stammt das Volk der San direkt von Steinzeitbewohnern ab. Ob die Jäger und Sammler allerdings tatsächlich die Urbevölkerung des Südlichen Afrika darstellen, ist in wissenschaftlichen Kreisen umstritten. Neuere archäologische Erkenntnisse scheinen zu belegen, dass sie durch Hirten- und Bauernvölker aus Ostafrika nach Süden abgedrängt wurden. Schätzungsweise seit mehr als 15.000 Jahren

*Der perfekte Platz für einen Sundowner im Okavango-Delta.*

durchstreifen San die heutigen Gebiete von Südafrika, Namibia, Botswana, Angola und Simbabwe. Zu den Zeugnissen ihrer Anwesenheit gehören die bekannten Felsmalereien in den Tsodilo Hills im Nordwesten Botswanas, darunter das früheste bekannte Kunstwerk der Menschheit.

Die zunehmende Verwüstung des Sahara-Gebietes löste etwa 3.000 Jahre v. Chr. eine Wanderungsbewegung der Ackerbau betreibenden Bantu-Völker in Richtung Osten und Süden aus. Etwa um 250 n. Chr. erreichten sie das heutige Botswana und überschritten den Sambesi. Die Khoisan, die älteste noch heute in Botswana lebende Bevölkerungsgruppe, zogen sich in die Trockengebiete im Landesinneren zurück. Der Streit um Land und Lebensraum ist bis in unsere Tage nicht beigelegt.

## Die Suche nach einer Heimat

Auf dem Gebiet des heutigen Botswana entstanden immer wieder dominante Königreiche und kleinere Staatsgebilde, in denen sowohl Jäger und Sammler als auch Ackerbauern und Viehzüchter koexistierten. Das größte Reich jener Zeit war der Staat der Toutswe, das jedoch mit dem beispiellosen Aufstieg von Great Zimbabwe wieder zerfiel. Als Geburtsstunde der Geschichte des Staates Botswana kann man das Auftauchen des Volkes der Batswana im Osten des Landes verstehen, das bereits um 1800 den gesamten Osten besiedelte und bis zum Okavango-Delta vorgedrungen war.

Die durch die Expansionsbestrebungen des südafrikanischen Zulukönigs Shaka ausgelöste Periode des Mfecane führte Anfang des 19. Jahrhunderts zu Zerstörung, Vertreibung und Entwurzelung. Beinahe zeitgleich setzten sich die Buren mit ihrem „Großen Treck" auf der Suche nach neuen Siedlungsgebieten in Bewegung. Die Briten reagierten im Handumdrehen, als Deutschland versuchte, sich 1884 mit Deutsch-Südwestafrika zur neuen Kolonialmacht aufzuschwingen. Am 30. September 1885 erklärten sie Bechuanaland zum britischen Protektorat und hielten damit einen Handelsweg nach Norden offen. Verwaltet wurde das Gebiet von der exterritorialen Hauptstadt Mafeking in Südafrika aus.

*Kuhantilopen nach einem tropischen Regenfall.*

## Von Heilsbringern und Unruhestiftern

Botswana lockte bereits zu Beginn des 19. Jahrhunderts viele Pioniere, Forscher, Missionare und Abenteurer an. Berühmt wurde Robert Moffat, der die Bibel in die Landessprache Setswana übersetzte. Der Missionar und Mediziner David Livingstone, der mit Moffats Tochter Mary verheiratet war, gründete die erste ständige Missionsstation mit angeschlossener Schule in Kolobeng. Für den Schotten war das nicht nur ein Ort der Bildungsförderung, sondern auch Basis für seine zahlreichen Expeditionen ins Landesinnere. Er entdeckte wahrscheinlich als erster Weißer den Lake Ngami, den Chobe River und die Viktoriafälle, wo noch heute eine Statue an den Afrikaforscher erinnert.

*Stewardess bei Air Botswana.*

Wirtschaftliche Konzessionen für Privatleute sollten die Kolonialisierung weiter vorantreiben. Das schürte mit Recht Bedenken bei den Stämmen Botswanas, entmachtet und übervorteilt zu werden. Vor allem, nachdem es im benachbarten Rhodesien zu blutigen Auseinandersetzungen mit der von Cecil Rhodes gegründeten British South Africa Company (BSAC) gekommen war. Die Stammesoberhäupter Khama III., Bathoen I. und Sebele I. legten bei ihrer Schutzmacht Großbritannien vehementen Protest ein. Die Intervention der Chiefs war erfolgreich. Die BSAC erhielt lediglich die Zusage, eine Eisenbahnlinie durch den Osten Bechuanalands von Mafeking (Südafrika) nach Bulawayo (Südrhodesien) zu bauen. Teilweise ist diese heute zwar stillgelegt, aber immer noch vorhanden.

## Mit Mut zum Ziel

Rund 90 % der Tierbestände der Tswana wurde 1893 von der Rinderpest dahingerafft und beraubte sie ihrer wichtigsten Lebensgrundlage. Die von den Briten eingeführte Hüttensteuer zwang fast die Hälfte der Männer zwischen 15 und 45 Jahren, als Wanderarbeiter in den südafrikanischen Minen zu schuften. Jahrzehntelang schwebte die eventuelle Eingliederung in die 1910 gegründete Union of South Africa und damit eine Apartheid-Politik wie ein Damoklesschwert über der Zukunft des Landes. Dem unerschrockenen Agieren der Chiefs ist es zu verdanken, dass Bechuanaland bis zum Erlangen der Unabhängigkeit direkt der britischen Krone unterstellt blieb. 81 Jahre lang gelang den Stammesführern das Kunststück, sich ein gewisses Maß an Eigenständigkeit zu bewahren.

Mit der Einführung eines Legislativ- und eines Exekutivrates schuf die Kolonialverwaltung ab 1960 erste Voraussetzungen für einen Übergang zur Unabhängigkeit. An der sonstigen Entwicklung des Protektorats schienen die Briten jedoch wenig interessiert. Beim Schritt in die Unabhängigkeit 1966 zählte Botswana immer noch zu den ärmsten Ländern Afrikas: Seine Landwirtschaft war auf Monokultur ausgerichtet, die über südafrikanisches Gebiet verlaufenden Handelswege machten es durch den „weißen Nachbarn" erpressbar, das Schulwesen mit drei Sekundarschulen war eigentlich nicht vorhanden, ebenso wenig wie das Straßennetz mit gerade mal fünf Kilometern asphaltierter Straße. Einen funktionierenden Regierungs- und Verwaltungssitz gab es zu diesem Zeitpunkt ebenfalls nicht.

## Freiheit und Glück

Kein Name ist so eng mit der Unabhängigkeit verbunden wie der von Sir Seretse Khama. Die ersten freien Wahlen zur Nationalversammlung machten ihn 1965 zum Premierminister der internen Regierung. Schneller als erwartet wurde das Protektorat am 30. September 1966 in die Unabhängigkeit entlassen und Khama erster Präsident der Republik Botswana. Er hielt das Land weitgehend aus Konflikten mit den Nachbarn heraus und bemühte sich um die Modernisierung – ohne die Traditionen außer Acht zu lassen.

Die botswanische Demokratie basiert auf einem Zweikammersystem: dem Parlament und dem House of Chiefs, in dem derzeit 35 Stammesvertreter mit beratender Funktion sitzen. Mit freien Wahlen, Presse- und Meinungsfreiheit verfügt Botswana über eine vorbildliche politische Kultur. Ein wahrer Glücksfall war die Entdeckung des ersten Diamanten ein Jahr nach der Unabhängigkeit. Damit war der Reichtum eventuellen Ansprüchen der Kolonialmächte entzogen und der junge Staat verstand es, geschickt zu investieren. Auf den nächsten Präsidenten, der aus den Wahlen 2019 hervorgehen wird, warten große Aufgaben. Vor allem die Diversifizierung der Wirtschaft, um von den endlichen Diamantenvorräten unabhängig zu werden, und die weitere Bekämpfung der AIDS-Pandemie im Land stehen an oberster Stelle.

## Eine Wüste – die keine ist

Beim Auseinanderbrechen des Großkontinents Gondwana vor ca. 100 Millionen Jahren stiegen die Ränder des afrikanischen Kontinents an und die süd- und zentralafrikanischen Gebirgszüge bildeten sich heraus. Erosionsvorgänge durch Wasser und Wind trugen feinen Sand ins Landesinnere – das Kalahari-Becken entstand. Dieses erstreckt sich mit seinen bis zu mehreren Metern dicken Sandschichten von Südafrika über Namibia bis nach Angola, Sambia und Simbabwe. Im Zentrum des Kalahari-Beckens liegt Botswana. Hier befindet sich die größte zusammenhängende Sandfläche der Erde, die Zentralkalahari. Diese Gras- und Dornstrauch-Savanne dominiert mit ihren typischen Dünen- und Wüstengräsern sowie hochwachsenden Akazienbäumen die Landschaft. Anders als in der Namib können die Sanddünen der Kalahari nicht wandern, denn der Pflanzenbewuchs hindert sie daran.

Diese riesige, sandgefüllte Hochebene liegt auf rund 1.000 m Höhe. Zu den wenigen nennenswerten Erhebungen gehören die Otse Mountains an der Grenze zu Südafrika und die Tsodilo Hills im Nordwesten des Landes. Nach Westen, Richtung Namibia, steigt das Land langsam an. Zum Osten hin wird es von niedrigen Gebirgsketten und felsigen Hügelgruppen begrenzt. Hier regnen sich mehr Gewitterwolken ab als sonst im Land. Der daraus erblühende Grüngürtel reicht von Südafrika entlang der Grenze zu Simbabwe bis nach Sambia. Bemerkenswert

*Gewittersturm mit Sandsturm im Kgalagadi-Transfrontier-Park.*

sind die ausgedehnten Mopanewälder, in denen Myriaden der unter Einheimischen als Delikatesse geltenden Mopane-Raupen leben.

Inmitten des Trockenraums der Kalahari hat der Okavango das größte Binnendelta der Welt geschaffen. Es ist kaum ein größerer Gegensatz vorstellbar als der zwischen der nach Regen lechzenden Kalahari und der spektakulären Wasserlandschaft aus Kanälen und Inseln im Nordwesten des Landes. Der Okavango, drittgrößter Fluss im Südlichen Afrika, entspringt im angolanischen Hochland von Bié und speist nach zirka 1.700 Kilometern das abflusslose Ökosystem im Jahresdurchschnitt mit etwa 10 Milliarden $m^3$ Wasser. Mit Ausnahme der Grenzflüsse Limpopo im Südosten sowie Sambesi und Chobe im Norden hat Botswana keine permanent wasserführenden Flüsse. Lediglich während der Regenzeit von November bis März überrascht so mancher Trockenfluss mit plötzlich auftretenden Fluten.

## Wildtiere versus Nutztiere

Geringe Niederschläge begrenzen das landwirtschaftliche Potenzial des Landes auf extensive Viehwirtschaft. Fehlendes Oberflächenwasser führt dazu, dass fossile Grundwasservorräte zum Teil bis aus 200 m Tiefe mittels Pumpen angezapft werden müssen, um Mensch und Tier zu versorgen. Die hinzukommenden, periodisch auftretenden Dürren zwangen die Regierung, ein generalstabsmäßig organisiertes Wasserversorgungsprogramm und ein Dürre-Managementsystem zu entwickeln. Doch Wassermangel trifft nicht nur Mensch und Nutzvieh. Die Wildtiere Botswanas könnten auf uralten Pfaden ins Okavango-Delta wandern – wenn da nicht die Veterinärzäune wären. Bereits in den 1950er Jahren errichtet, sollen die 1,50 bis 3,00 m hohen Zäune Rinderherden vor Seuchen schützen. Die Sperrzäune sind für den derzeit größten Rindfleischexporteur Afrikas existenziell, obwohl der Übertragungsweg von Wild- auf Nutztier nicht eindeutig bewiesen ist.

*Typische Landschaft im Überschwemmungsgebiet des Okavango-Deltas mit vielen Tierspuren.*

Doch unter Naturschützern und Safariveranstaltern, aber auch in der eigenen Bevölkerung, regt sich Widerstand gegen geplante neue Zäune, die eine Zerstückelung des Wildparadieses forcieren würden. Inzwischen hat die Veterinärbehörde signalisiert, sogar einige bestehende Zaunabschnitte ganz zu entfernen und Migrationskorridore zu öffnen. Der Kuke-Zaun, der die Zentralkalahari vom Okavango-Gebiet trennt, verhindert zwar einerseits die Wanderung der Wildtiere, aber auch das Eindringen von Nutztieren ins Delta. Das ist jedoch nur ein geringer Trost, in Anbetracht des schwindenden Wildnis-Charakters durch die Tiersperrzäune. Dabei sollte man meinen, dass die endlosen flachen Ebenen und der grenzenlose Horizont der Zentralkalahari genug Platz für alle bieten.

## Wo Löwen schwarze Mähnen tragen

Das größte zusammenhängende Naturschutzgebiet Afrikas, das Central Kalahari Game Reserve, entfaltet – besonders bei einer Durchquerung – seinen ganz eigenen Reiz. Einsamkeit und Stille, außergewöhnliche Wolkenformationen sowie spektakuläre Sonnenuntergänge und sternenklare Nächte machen den einzigartigen Zauber der Landschaft aus. Im Sommer, also der Regenzeit, verwandelt sich die Kalahari in ein grünes Gräsermeer. Schmetterlinge tanzen über feuchte Wiesen, Wildrosen strahlen mit der Sonne um die Wette. An die wechselnden Lebensbedingungen sind Löffelhunde und Oryxantilopen bestens angepasst. Putzige Kapborstenhörnchen haben dank ihres buschigen Schwanzes immer einen Sonnenschirm dabei. Honigdachse erschnüffeln ihre Nahrung mittels ihrer hypersensiblen Nase auch noch unter der Erde und legen sich, wenn es sein muss, mutig mit Löwen an. Und Kalahari-Löwen sind extrem beeindruckend – die athletischen, ausgewachsenen Männchen fallen durch ihre fast schwarze Mähne auf.

Die schwarzmähnigen Großkatzen sind auch im ersten grenzüberschreitenden Park des Südlichen Afrika im beinahe unberührten Südwesten des Landes zu Hause. In der trockensten Region der Kalahari mit Tagestem-

*Kalahari-Löwen haben eine besonders imposante Mähne.*

*Ein sichtlich nervöses Flusspferd im Chobe-Fluss.*

*Der etwas andere Landeplatz für Libellen ...*

peraturen bis zu 45° C haben Botswana und Südafrika im Jahr 2000 neue Zeichen im „Naturmanagement" gesetzt. Aus dem Gemsbok National Park und dem Mabuasehube Game Reserve (beide in Botswana) sowie dem südafrikanischen Kalahari-Gemsbok-Nationalpark wurde der Kgalagadi-Transfrontier-Nationalpark. Lediglich ein paar weiße Steine im Trockenflusslauf des Nossob River markieren den Grenzverlauf. Damit sind ein langfristig angelegter Naturschutz und die nahtlose Integration ökologischer Gesamtsysteme sowie ungehinderte Bewegungsräume der Tiere möglich. Blutrote Kalahari-Sanddünen, gefärbt durch den hohen Anteil an Eisenoxid, bilden mit tiefblauem Himmel und weißen Kumuluswolken eine fotogene Kulisse für Elenantilopen und Gemsböcke. Mit wahrer Begeisterung posieren die quirligen Erdmännchen, die es wirklich gern heiß mögen, für die Kameras.

## Wasser soweit das Auge reicht

Ein absolutes Kontrastprogramm erwartet den Safari-Touristen im Nordwesten Botswanas. Das Okavango-Delta liegt mitten in der Kalahari und ist mit über 20.000 km² eines der größten und tierreichsten Feuchtgebiete Afrikas. Der Okavango, der auf seinem Weg durch das regenreiche Angola mehrfach seinen Namen ändert, ist an der Grenze zu Botswana bis zu 100 m breit. Das Delta gliedert sich in vier Bereiche, die sich hinsichtlich ihrer Ökologie und Vegetationstypen deutlich unterscheiden. Der „Pfannenstiel" ist eine Wasserlandschaft aus Papyrus- und Schilfsümpfen, saisonal überflutete Schwemmgebiete bilden ein Mosaik aus Inseln, nie überschwemmte Bereiche erblühen im Frühling mit hunderten Blumen, und die Sandveld-Zungen begrenzen das Delta nach Süden. Von ökologischer Bedeutung ist die Trinkwasserqualität, denn obwohl der Okavango etwa 500.000 t gelöster Salze einträgt und 95 % des Wassers verdunsten, fehlt eine Versalzung vollständig. Das liegt zum einen daran, dass die Verdunstung durch Pflanzen die der Oberflächenverdunstung überwiegt, und zum anderen haben die Böden zwischen den Überflutungen immer wieder die Möglichkeit, sich zu regenerieren.

Aufgrund des geringen Höhenunterschieds dauert es etwa vier Monate, bis die Flut von einem Ende des Deltas zum anderen gelangt. Damit wird der höchste Wasserstand genau dann erreicht, wenn eigentlich Trockenzeit herrscht. Nur so konnte sich förmlich eine Arche Noah der Tier- und Pflanzenwelt entwickeln. Auf einer Safari im Mokoro, dem traditionellen Einbaum-Kanu, das heute längst aus Fiberglas gefertigt wird, gleitet die Wasseroberfläche nur wenige Zentimeter unter dem ausgestreckten Arm dahin und man bewegt sich fast geräuschlos. Aus dieser Perspektive Elefanten, Flusspferde, Krokodile und Sumpfantilopen zu erleben, hat seinen ganz eigenen Reiz. Seit einiger Zeit sind auch wieder aus Südafrika stammende, ausgewilderte Nashörner im Delta zu Hause. Etwa ein Drittel des UNESCO-Weltnaturerbes genießt den strengen Schutz des ältesten Naturreservats Botswanas, des Moremi Wildlife Reserve. Um den Wildreichtum zu erhalten und ihre traditionellen Jagdgründe im Okavango-Delta zu schützen, proklamierten die Batawana 1963 hier ein Schutzgebiet. In diesem Garten Eden sind mehr als 500 Vogelarten, über 1.000 Pflanzenarten sowie unzählige Säugetiere zu Hause, wie zum Beispiel der effizienteste Jäger der Savanne, der Afrikanische Wildhund. Die Rudel leben in komplexen sozialen Verbänden und sind das Feindbild der Farmer schlechthin.

## Salz ohne Wasser

Die riesigen, vegetationslosen Makgadikgadi-Salzpfannen sind eine ganz eigene ökologische Großeinheit. Einst gab es hier einen 60.000 km² großen, bis zu 30 m tiefen, abflusslosen See. Durch Klimaveränderungen und tektonische Verschiebungen trocknete er vor rund 4.000 Jahren aus und hinterließ an seiner tiefsten Stelle eine bis zu fünf Meter dicke Salzkruste. Dieses System aus einer Vielzahl kleinerer und größerer Salzpfannen gilt als eines der größten der Erde. In Jahren mit besonders ergiebigen Regenfällen gelangen die Wasser des Okavango bis zum Thamalakane im Südosten des Deltas und werden in seltenen Fällen über den Boteti bis zu den Makgadikgadi-Salzpfannen geleitet.

Eine Vielzahl Wasservögel wird von den sich daraus bildenden kleinen Seen angezogen, die zur Heimat der größten Brutkolonie des Rosa-Flamingos in Afrika werden – ein atemberaubendes gewaltiges Spektakel. Auf den offenen Grasflächen des Makgadikgadi-Nxai-Pan-Nationalparks konzentriert sich in der Regenzeit viel Wild. Grasfresser wie Springbock, Impala, Steppenzebra und Streifengnu ziehen Jäger wie Löwen, Leoparden, Afrikanische Wildhunde und Karakale an. Wenn die Pfannen am Ende der Regenzeit austrocknen, wandern die Herden zum Boteti-Fluss und manchmal weiter nordwärts bis ins Okavango-Delta oder zum Chobe und Linyanti. Diese Wanderung ist die letzte im Südlichen Afrika, einziges Überbleibsel ehemals riesiger Herdenbewegungen, die denen in Ostafrika vergleichbar waren.

## Umgeben von grauen Riesen

Mit geschätzten 130.000 Tieren lebt die größte Elefantenpopulation der Welt in Botswana. Allein im nördlichen Teil des Chobe-Nationalparks leben fast 70.000. Diese riesigen Herden hinterlassen in der Vegetation unübersehbare Spuren und führen häufig zu Konflikten mit Bauern, denen die Felder kahlgefressen werden. Es lässt sich allerdings bezweifeln, ob die kürzlich verkündete Aufhebung des erst 2014 verhängten Jagdverbots eine adäquate Lösung für das Problem ist. Für eine Entspannung der Situation könnte auch ein intensiver Ausbau des KAZA (Kavango-Zambezi Transfrontier Conservation Area) sorgen. Im Rahmen dieses grenzüberschreitenden Peace-Park-Projekts sollen sich die Dickhäuter auf einer Fläche von mehr als 500.000 km² frei bewegen können. Noch ist der Chobe-Fluss die Grenze – und hier herrscht am Nachmittag Elefanten-Rush-Hour. Nicht vorstellbar, woher all diese Tiere kommen. Fast magisch werden sie vom Wasser angezogen und kommen in langer Reihe um zu baden oder einfach nur zu trinken.

*Blaustirn-Blatthühnchen-Küken können mit ihren riesigen Füßen problemlos auf Seerosenblättern übers Wasser gehen.*

## Die Ersten werden die Letzten sein

**Bis Mitte der 1990er Jahre war die Zentralkalahari eines der unzugänglichsten Gebiete der Erde. Wo heute eine Art Festungsnaturschutz gepflegt wird, sorgten einst die San für den Erhalt des Löwenlandes. Doch ohne Lobby ist das älteste Jäger- und Sammlervolk der Erde dem Untergang geweiht.**

Unter dem Volk der San versteht man eine Reihe ethnischer Gruppen im Südlichen Afrika, die ursprünglich als reine Jäger und Sammler lebten. San bedeutet so viel wie „jene, die etwas vom Boden auflesen". Die Khoikhoi hingegen betrieben auch Landwirtschaft. Allgemein werden die Völker als Khoi-San oder Buschmänner zusammengefasst. Aufgrund des erforschten Erbguts, das sich klar von ihren schwarzafrikanischen Nachbarn unterscheidet, gehen Wissenschaftler davon aus, dass die San eines der ältesten Völker der Welt sind. Uneinig ist man sich lediglich darüber, ob sie das Südliche Afrika erst seit 10.000 oder doch schon seit 25.000 Jahren besiedeln. Ihr Siedlungsgebiet reichte über weite Teile des afrikanischen Kontinents bis nach Äthiopien und Somalia. Von den ehemals 300.000 bis 400.000 San leben heute noch etwa 100.000 im Südlichen Afrika. Die besitzorientierte Denkweise der Europäer ist den Buschleuten vollkommen fremd. In den Klans gibt es kein übergeordnetes Führungssystem. Die Gemeinschaft des Stammes und dessen Wohlergehen sind die entscheidenden Bezugsgrößen. Exzessive Vertreibung und Versklavung war lange Zeit das Schicksal der San im Südlichen Afrika. Die britische Protektoratsverwaltung Betchuanaland gründete 1961 das Central Kalahari Game Reserve als Schutz- und Rückzugsgebiet der Buschleute. Ihre nachhaltige Nutzung des Lebensraums ermöglichte eine Koexistenz mit Wildtieren und erbrachte den Beweis, dass Natur und Kultur vereinbar sind.

Das Glück Botswanas wurde für die San zum Fluch. Diamantenvorkommen riefen Begehrlichkeiten hervor, und die Indigenen mussten weichen. In drei großen Räumungen (1997, 2002, 2005) wurden die Buschleute vertrieben, Kraals abgerissen und Wasserversorgungen zerstört. In Umsiedlungslagern erhalten sie zwar medizinische Versorgung und die Kinder Schulbildung, doch sie sind ihrer Wurzeln beraubt. In einem historischen Prozess, in dem die San die botswanische Regierung verklagten, entschieden die Richter, dass die Vertreibung unrechtmäßig und verfassungswidrig war und die San das Recht haben, auf ihrem angestammten Land zu leben. Obwohl das Gericht entschieden hatte, dass die Buschleute innerhalb des Central Kalahari Game Reserves jagen und sammeln sowie es betreten dürfen, ohne eine Erlaubnis beantragen zu müssen, verweigerte die Regierung diese Rechte. Erst seit 2011 wurde den Buschleuten der Zugang zu einem versiegelten Brunnen ermöglicht, ein existenzielles Recht in einer der trockensten Gegenden der Erde. Auf Jagdlizenzen warten sie, anders als gut zahlende Touristen, zum Teil noch heute vergeblich.

Der Anteil derer, die tatsächlich auf traditionelle Art leben wollen, ist hier wie im restlichen Afrika gering. Und doch sollte ihnen die Möglichkeit gegeben sein, ihre Traditionen und Kultur zu erhalten. Das moderne Leben hat die Sichtweise der San geändert, und nur wenige können sich vorstellen, in die Zentralkalahari zurückzukehren. Das Wissen der Fährtenleser über das Überleben in der Wüste und die Geschichten, die abends am Feuer erzählt werden, dürfen nicht verloren gehen.

Die vom gleichnamigen Kanal unregelmäßig bewässerte Savuti-Region im Chobe-Nationalpark ist häufig das Ziel von Unmengen an Zebras, Impalas, Kuhantilopen, Kudus, Gnus und Büffeln, die aus den Makgadikgadi-Salzpfannen gewandert kommen. Aber Savuti ist auch berühmt für seine Elefantenbullen und für ein Löwenrudel, das sich auf die Elefanten-Jagd spezialisiert hat. Wer Zeuge eines solchen Jagderfolges wird, ist hin- und hergerissen zwischen Faszination und Trauer. Die Großkatzen liegen mit dicken Bäuchen und blutverschmierten Gesichtern um den Kadaver, und die Kleinsten halten den leblosen Rüssel für ein prima Spielzeug. Wer geduldig am Schauplatz ausharrt und viel Glück hat, wird Zeuge eines Abschiedsrituals der gesamten Dickhäuterherde. Ohne einen Laut, mit aufgestellten Rüsseln den Tod erschnüffelnd, akzeptieren sie den Verlust des Familienmitglieds. Wer da keine Gänsehaut bekommt, hat kein Herz.

Es gäbe noch so manches mehr zu entdecken: den „Louvre der Wüste", wie die rund 4.500 Felszeichnungen an den – für die San heiligen – Tsodilo Hills genannt werden; die Linyanti-Sümpfe, eine Miniaturausgabe des Okavango-Deltas und Paradies für Elefanten; eine Bootsfahrt entlang der Chobe-River-Front, auf der man sich den Tieren von der Wasserseite her nähern kann; ein atemberaubender Rundflug über das Okavango-Delta als einzigartiges Highlight einer Botswana-Reise.

Im Vergleich zu vielen anderen afrikanischen Ländern sind die natürlichen und von Menschen verursachten ökologischen Probleme Botswanas (noch) relativ gering. Mit der Förderung eines luxuriöseren Safaritourismus und einer gewissen Hochpreispolitik bei Parkeintritten ebenso wie bei Übernachtungsangeboten wendet sich Botswana vom Massentourismus ab und will mit den Einnahmen den Lebensraum der Wildtiere erhalten.

## Typisch Botswana

Neben dem Wasser sind die gewaltigen Diamantenvorkommen das zweite Fundament des botswanischen Wohlstands. Der Diamant ist der härteste uns bekannte natürliche Stoff. Hoher Druck und enorme Hitze schufen harmonisch geordnete Körper aus reinem kristallisiertem Kohlenstoff. Nach Russland ist Botswana mit den Fördermengen seiner drei Minen zum zweitgrößten Diamantenproduzenten der Welt aufgestiegen. Jeder dritte weltweit gehandelte Rohdiamant wechselt in Botswana den Besitzer. Damit wurde das ehemalige Armenhaus zum international wichtigsten Umschlagplatz für Schmucksteine. Die Regierung weiß den Reichtum unter Tage in Wohlstand über Tage zu verwandeln, vor allem durch den Diamantenproduzenten Debswana – ein Joint Venture mit dem südafrikanischen Konzern de Beers –, dessen Gewinne zu 50 Prozent in die botswanische Staatskasse fließen. Der Zugang zu sauberem Trinkwasser für jeden Bürger, kostenlose Schulbildung für alle Kinder bis zum 13. Lebensjahr, eine niedrigere Korruptionsrate als in Italien oder Spanien, faire Wahlen und eine weitgehend gebührenfreie Gesundheitsversorgung machen es zu Afrikas Musterland. Die gefährliche Kehrseite ist die totale Abhängigkeit vom Geschäft mit den Edelsteinen. Bodenschätze sind endlich, auch die unglaublichen Diamantenvorkommen.

*Elefanten haben ein sehr stark ausgeprägtes Familiengefüge.*

*Ein Sonnenuntergang, wie er nur in Afrika möglich ist.*

*Wir saßen in einem Boot am Ufer des Chobe-Flusses, als diese Elefantenherde zum Trinken ans Wasser stürmte …*

*… und waren plötzlich umringt von Elefanten, die uns kurz beäugten und dann als harmlos einstuften.*

*Die typische Leopardenpose – ein Klassiker für Fotografen.*

*Entspannter Leopard nach einer Mahlzeit.*

*Hinauf zum Ausguck nach der nächsten Beute.*

*Junger männlicher Löwe.*

*Nach einem kräftigen Regen, in dem die Löwenfamilie zusammengekauert auf dessen Ende wartete, kam die Lebensfreude schnell zurück.*

*Wenn man im Auge des Löwen sein eigenes Spiegelbild erkennt, ist das eine intensive Begegnung.*

*Verschmuste junge Löwen.*

*Junge Löwen sind niedlich, neugierig und immer sehr verspielt.*

*Ein Lanner-Falke hebt gerade vom Baum ab.*

*Schreiseeadler am Chobe-Fluss auf der Suche nach Beute.*

*So tollpatschig die Braunmantel-Scherenschnabel an Land aussehen, so elegant sind sie in der Luft …*

*… und hin und wieder wird man Zeuge eines eindrucksvollen Luftkampfes.*

*Es geht auch in der Vogelwelt nicht immer friedlich zu. Die Glockenreiher streiten sich um das Territorium.*

*Hornraben-Paar auf Futtersuche.*

*Ganz anders als ihre Artgenossen aus Namibia: Die Rötelpelikane Botswanas haben eine graue Färbung.*

*Der Scharlachspint positioniert seine Beute, um sie bequem schlucken zu können.*

*Einfach nur schön: Botswanas (ehemaliger) Nationalvogel, der Lilac-breasted Roller – zu Deutsch: Gabelracke, aber das klingt ja nicht halb so schön!*

*Der Heilige Ibis mit seinen sichtbaren Knochen sieht ein bisschen aus wie ein Urzeit-Vogel.*

*Rotschulter-Glanzstar im Abendlicht.*

*Für den Nimmersatt hat sich die Geduld gelohnt.*

*Sehr selten zu sehen sind Schabrackenhyänen oder auch Braune Hyänen beziehungsweise „Strandwolf" genannt.*

*Gähnen oder Drohgebärde? Flusspferde zählen zu den gefährlichsten Tieren Afrikas.*

*Eine große Zebra-Herde im Makgadikgadi-Nationalpark.*

*Wasserbüffel-Herde am Okavango.*

*Beim Kudu dienen die gedrehten Hörner auch als Visier während der Kämpfe.*

*Kämpfende Spring-böcke nach einem Regen in Kgalagadi.*

*Ein Oryx im Abend-licht auf der Anhöhe hat eine unverwech-selbare Silhouette.*

*Die Kap-Kobra variiert in Größe und Farbe, von Gelb über Braun bis zu fast Schwarz …*

*… sie zählt zu den giftigsten Kobras ganz Afrikas.*

*Straußen-Junggesellen-Parade*

*Diese Afrikanische Wildkatze hat einen Vogel im Baum entdeckt und schleicht sich an.*

*Junge Geparde im Kalahari-Wildschutzgebiet halten Ausschau nach Beute.*

*Waran am Chobe-Fluss.*

Manche schauen dem Treiben nur zu.

Bei Pavianen ist immer für Unterhaltung gesorgt.

*Giraffenfamilie im Abendlicht kurz vor einem Gewittersturm.*

*Auch Nashörner nutzen Schlamm-bäder für die Dickhaut-Pflege.*

*Ein Schabracken-schakal in Kgalagadi, immer auf der Suche nach etwas Fress-barem.*

*Die monumentalen Nestbauten der Siedler-Webervögel.*

*Die Mutter aller Wolken kurz vor der Entwicklung eines spektakulären Gewitters.*

# Sambia

## *Das Land unvergesslicher Ursprünglichkeit*

Manche bezeichnen Sambia als „Afrikas bestgehütetes Geheimnis". Die geballte Kraft des Wassers lässt grüne Ebenen und endloses Schwemmland entstehen, nährt Sümpfe und eine faszinierende raue Wildnis. Es gibt wohl kein authentischeres Afrikagefühl, als mit erfahrenen Rangern zu Fuß die Geheimnisse des Busches zu erkunden. Auf einer Reise durch Sambia lässt sich Afrika riechen, berühren und fühlen!

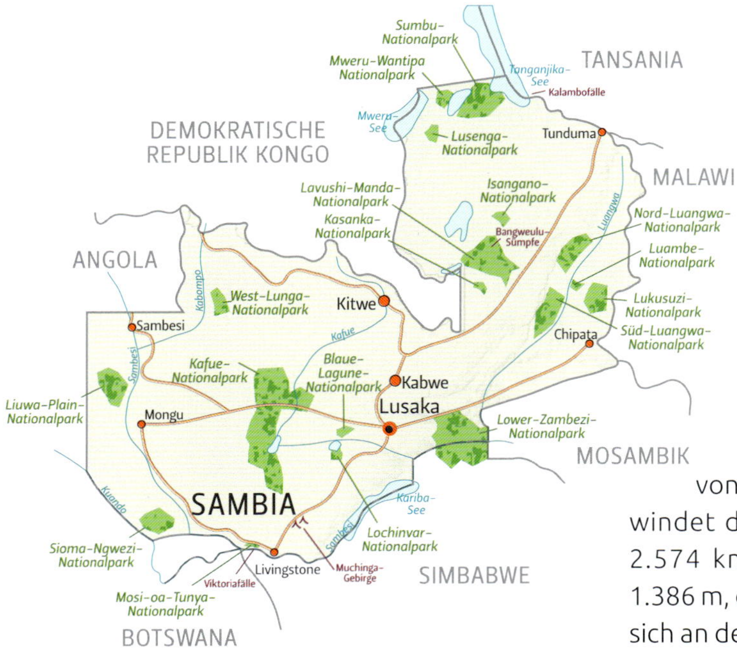


Der sagenumwobene „mighty Sambesi", wie er von den Einheimischen genannt wird, ist der viertlängste Fluss Afrikas. Ihm verdankt Sambia seinen Namen. Er ist der größte afrikanische Strom, der in den Indischen Ozean mündet. Sein Einzugsgebiet bildet das viertgrößte Flusssystem Afrikas. Auf seinem Weg von der Quelle bis zur Mündung überwindet der Sambesi auf einer Länge von 2.574 km einen Höhenunterschied von 1.386 m, durchfließt mehrere Länder, stürzt sich an den Viktoriafällen mehr als 100 m in die Tiefe, wird zweimal aufgestaut und fungiert als Staatsgrenze. Das Volk der Tonga glaubt fest daran, dass der Wassergott Nyaminyami über alles Leben in diesem Strom herrscht.

Geografisch gesehen liegt Sambia im Übergangsbereich vom Südlichen zum Zentralen Afrika. Es ist umgeben von Angola im Westen, der Demokratischen Republik Kongo im Norden, Tansania im Nordosten, Malawi im Osten und Mosambik im Südosten. Die Südgrenze zu Namibia, Botswana und Simbabwe bildet der Sambesi. Auf Landkarten erkennt man eine beinahe vollständige Teilung des Landes in einen südwestlichen und nordöstlichen Teil. Diese schmetterlingsähnliche Form entsteht durch den kongolesischen Katanga-Zipfel. Grund für diesen stiefelförmigen Einschnitt waren koloniale Interessen. Im Falle von Katanga ging es um eine der reichsten Lagerstätten der Erde für Kupfer, Kobalt und Uran, die von den Belgiern im Kongo eher entdeckt wurde als von den Briten in Nordrhodesien (heute Sambia).

## In grauer Vorzeit

Je weiter man in das Innere Afrikas vorstößt, umso schwieriger ist es, gesicherte Angaben zu geschichtlichen Ereignissen zu finden. Nicht weil dieser Kontinent keine Geschichte hätte, sondern weil sie niemand aufgeschrieben hat. Vor fast 6 Millionen Jahren spalteten sich die Vorfahren der Hominiden von denen der Schimpansen ab.

*Flusspferdkopf zwischen Tausenden von Wasser-Hyazinthen.*

Über die ersten Frühmenschen entwickelte sich der Homo sapiens – der moderne Mensch – in Afrika, während in der europäischen Eiszeit der Neandertaler durch die Wälder streifte. Der Homo rhodesiensis, ein Schädelfund in Kabwe, bezeugt eine frühmenschliche Besiedlung ab etwa 300.000 v. Chr. Mit dem Wechsel von der Steinzeit zur Eisenzeit entstanden erste feste Dörfer, in denen Ackerbau und Viehzucht betrieben wurde.

Im ersten Jahrhundert kam es aus Nordosten, dem Kongobecken und entlang des Sambesi zu gewaltigen Einwanderungswellen. Die Neuankömmlinge verschmolzen schnell mit ansässigen Stämmen. Ungefähr im 15. Jahrhundert wanderten die Rozwi in den Südwesten ein und gründeten das Königreich der Lozi. Entlang des Muchinga-Gebirges und des Luangwa-Tals siedelten die Bemba, die heute die größte Volksgruppe in Sambia ausmachen. Die enormen Völkerverschiebungen durch die Mfecane, ausgelöst durch den grausamen Zulu-König Shaka in Südafrika, hatten Auswirkungen bis nach Ostafrika. Die schlimmsten Folgen hatte jedoch das Eintreffen der Sklavenjäger im inneren Afrika. Die großen Handelsstraßen zur Ost- und Westküste wurden zu blutigen Einfallstoren der Menschenhändler.

## Die Europäer kommen

Vermutlich schon zu Beginn des 16. Jahrhunderts erreichten die ersten Portugiesen das Sambesi-Tal. Mit den ersten Berichten aus Innerafrika nahm der Traum, eine Verbindung zwischen den beiden portugiesischen Kolonien Angola und Mosambik zu schaffen, Formen an. Doch er scheiterte. Auch wenn es heute gar nicht mehr als sicher gilt, dass Livingstone tatsächlich der erste Europäer an den Viktoriafällen war, so war er doch der Erste, der seinen Besuch nachweislich dokumentierte. Der im Auftrag der Londoner Missionsgesellschaft als Missionar entsandte Livingstone erforschte auf verschiedenen Reisen Afrika. Im November 1855 stand er dann auf Livingstone Island und schaute in den 100 m tiefen Abgrund.

*Im South-Luangwa-Nationalpark stehen die Chancen auf schöne Leopardensichtungen sehr gut.*

Die Erkundung Afrikas war stets auch mit der Suche nach Bodenschätzen verbunden. Wie schon im Süden, nutzte der gewissenlose und extrem erfolgreiche Brite Cecil John Rhodes die Gunst der Stunde. Sowohl die Bitte der schottischen African Lakes Company um Unterstützung als auch das Schutzgesuch des Lozikönigs Lewanika bei den Briten spielte den Annexionsbestrebungen Rhodes' in die Hände. Mit seiner Kolonisationsgesellschaft British South Africa Company (BSAC) weitete er seinen Machtbereich immer weiter aus. 1890 wurde das Gebiet zwischen Sambesi und Kongo Teil des nach ihm benannten Rhodesien. Vor allem die reichen Kupfererzlager im Copperbelt an der Grenze zum Kongo hatten das Interesse der Briten geweckt.

## Neue Herren, alte Probleme

Der erste Weltkrieg streifte Nordrhodesien lediglich in Gestalt des deutschen Generalmajors Paul von Lettow-Vorbeck, der hier im Nordosten von der deutschen Kapitulation erfuhr. Tausende Afrikaner hatten auf Seiten der Briten gekämpft. Mit dem Ende des Krieges sank Cecil Rhodes' politischer Stern zusehends. Die weiße Minderheit in Südrhodesien erstritt sich 1923 eine Selbstverwaltung, während Nordrhodesien ein Jahr später zur britischen Kronkolonie wurde. Da die BSAC herzlich wenig in die Entwicklung des Landes gesteckt hatte, wurde jetzt die wirtschaftliche Entwicklung angekurbelt. Verstärkt strömten Siedler ins Land, wobei die Ungleichbehandlung von Schwarz und Weiß die Rassendiskriminierung zementierte. Mehrere Streiks der Bergarbeiter ließen das afrikanische Selbstbewusstsein Ende der 1940er Jahre in klassenkämpferische Dimensionen wachsen.

Der Zweite Weltkrieg bedeutete das Ende des Kolonialismus. Eine Phase der Reorganisation endete in der Zentralafrikanischen Föderation, die Süd- und Nordrhodesien sowie Njassaland vereinte. Dieses semi-unabhängige Bündnis sollte ein Gegengewicht zum rassistischen Staat von Südafrika bilden, obwohl die drei beteiligten Länder politisch und wirtschaftlich nichts gemeinsam hatten. Die Kupfergewinnung hatte viel schnelles Geld nach Nordrhodesien gebracht, aber nur wenig davon wurde im Land reinvestiert. Das Misstrauen der Afrikaner gegen die Föderation verstärkte sich, trotz anfänglicher Erfolge. Verworrene Regierungsstrukturen führten zur politischen Machtprobe zwischen den schwarzen Massen und der weißen Minderheitenmacht. Im Ergebnis der Victoria-Falls-Konferenz wurde die Föderation nach zehn Jahren als gescheitert erklärt und aufgelöst.

## Endlich frei! Und was nun?

Mit den Wahlen 1964 gewann die United National Independence Party (UNIP) unter Führung von Kenneth Kaunda die meisten der Parlamentsmandate. Am 24. Oktober 1964 wurde die unabhängige Republik Sambia ausgerufen und Kaunda ihr erster Präsident. Von Anfang an versuchte Kaunda unter dem Slogan „One Zambia – one Nation" Ressentiments aufgrund von Stammeszugehörigkeiten zu bekämpfen. Was ihm jedoch nicht wirklich gelang, da sich die Parteien als Auffangbecken der verschiedenen Volksgruppen wie Bemba, Tonga oder Lozi in Stellung brachten. Der daraus entstehende innenpolitische Druck führte zum Verbot oppositioneller Vereinigungen und der Einführung des Einparteiensystems. Mit der Verstaatlichung und Enteignungen in Industrie und Bergbau verschreckte Kaunda internationale Investoren. Für die Freiheitskämpfer der Nachbarstaaten bot Sambia bereitwillig Unterschlupf. Die weißen Nachbarn zeigten sich darüber erbost, unterbrachen Transportwege und schlossen Grenzen. Das brachte Sambia an den Rand einer Hungerkatastrophe.

*Eine Flusspferdmutter führt ihr Junges zum Fluss, nur dort fühlen sie sich richtig sicher.*

Ein junger Pavian erkundet seine Umgebung.

Der seit 1975 stetige Verfall des Weltmarktpreises für Kupfer führte zu einer bis heute andauernden Talfahrt. Die einseitige Ausrichtung auf den Kupferbergbau war dafür genauso ursächlich wie die nicht entwickelte Landwirtschaft. Nach der vorherigen Rückkehr zum Mehrparteiensystem kam es 1991 durch die Abwahl Kaundas zu einem der ersten friedlichen Machtwechsel in Afrika. Auch wenn es dem ersten sambischen Präsidenten nicht gelungen war, die Korruption einzudämmen, so führte er doch mit einer bedächtigen Demokratie die junge Republik in die Unabhängigkeit und regierte 27 Jahre. Nach mehreren Machtwechseln ist heute Edgar Chagwa Lungu als sechster Staatspräsident Sambias im Amt. An seiner Seite bekleidet als erste Frau die Frauenrechtlerin Inonge Mutukwa Wina den Posten der Vizepräsidentin.

## Zwischen Sümpfen und Sand

Der größte Teil Sambias besteht aus eher flachen, wenig gegliederten Hochebenen auf einer Höhe zwischen 1.000 und 1.400 m. Von Süden nach Norden steigt das Gelände allmählich zum Kongobecken bzw. zum afrikanischen Grabenbruch an und ist von tiefen Tälern durchzogen. Der wilde Norden Sambias wird vom Bangweulubassin beherrscht. Dieser Boden eines riesigen Kraters ist geprägt vom gleichnamigen See und dem ihn umgebenden, mit zahllosen Wasserarmen durchzogenen Sumpfgebiet. Dieses ca. 1,8 Mrd. Jahre alte Bassin ist in seinen tieferen Lagen völlig unzugänglich und nur auf kleinen Wasserwegen zu erschließen. Seine Muldenausbildung macht es zu einem Regen-Sammelbecken. Das Bangweulubassin ist im Vergleich zum Süden des Landes eine völlig andere Welt. Hier bleibt Afrika sich selbst überlassen, da nur der Lufttransport eine Versorgung ermöglicht.

Die nahezu unbesiedelten Mporokosoberge bilden den Nordrand des Bassins. Im Osten wird es vom Muchinga-Gebirge begrenzt, das einen Teil der Wasserscheide zwischen Kongo und Sambesi darstellt. Entlang dieses Gebirges zieht sich das Luangwatal. Der wasserreiche Luangwa entspringt den hohen Grenzgebirgen im Norden und Nordosten. Er windet sich durch die schwer

**Elefantenherden wandern ungehindert auf uralten Pfaden; Zebras und Gnus, die in langer Dreier- und Viererreihe auf der Suche nach Wasser umherstreifen; Löwen und Leoparden, die den Grasfressern bis an den Rand ihrer Reviere folgen, ehe die Raubkatzen die Vegetarier weiterziehen lassen müssen – diese Visionen könnten bald gelebte Realität werden im Südlichen Afrika.**

Eines der größten und ambitioniertesten Umwelt- und Artenschutzprojekte nimmt seit seiner Proklamation 2012 immer mehr Gestalt an – die Kavango-Zambezi Transfrontier Conservation Area (KAZA TFCA). Mit seinen 520.000 km² ist es das zweitgrößte Landschutzgebiet der Erde, nach dem Nordost-Grönland-Nationalpark. Geschätzt eine Viertelmillion Elefanten leben hier, die größte Population Afrikas. Sie teilen sich den Lebensraum mit mehr als zwei Millionen Menschen, nicht immer konfliktfrei. Ein Netzwerk aus 36 Nationalparks, Naturschutzgebieten und Reservaten in fünf Ländern (Angola, Namibia, Botswana, Simbabwe und Sambia) macht diesen Park zu einem einzigartigen, grenzüberschreitenden Projekt.

KAZA – der Name kommt von den beiden größten Flusssystemen KAvango und ZAmbezi – vereinigt Gebiete unterschiedlicher Schutzstadien sowie verschiedenste Vegetationszonen. Der flächenmäßig kleinere Teil sind Nationalparks und staatliche Game Reserves, in denen strenge Verhaltensregeln für Touristen und Einheimische gelten. Die Conservancies oder Wildlife-Management-Gebiete, die sich meist in privater oder kommunaler Hand befinden, nehmen eine deutlich größere Fläche ein und bilden das verbindende Element zwischen den Nationalparks. In ihnen ist ein reglementiertes Maß an menschlichen Eingriffen erlaubt, wie beispielsweise auch die über Lizenzen gesteuerte Jagd.

Das Kaleidoskop der Ökosysteme setzt sich aus Weideland, Feuchtgebieten, Waldflächen, Savannen, Salzpfannen und Buschland zusammen. Eine unglaubliche Artenvielfalt an Säugetieren, Reptilien, Amphibien, Insekten und Fischen ist hier zu Hause. Nicht zu reden von der bunten Pflanzenwelt. Zu den touristischen Hauptattraktionen gehören das Okavango-Delta, die Viktoriafälle und die Tsodilo Hills (alle drei UNESCO-Welterbe-Stätten) sowie die „Important Bird Areas" Kafue-Nationalpark und Hwange-Nationalpark oder auch die Caprivi-Region.

Für Wildtiere gelten keine Staatsgrenzen. Ökosysteme haben sich nicht entlang willkürlich gezogener politischer Grenzen entwickelt. Lebensräume von Tieren und Menschen werden durch Grenzzäune zerschnitten und der Zugang zu wichtigen Lebensgrundlagen wird erschwert. Die zündende Idee länderübergreifender Kooperationen heißt Peace Parks und ist nicht neu. Als das erste Gebiet darf wohl die 1914 geschaffene Friedensrepublik Morokulien an der Grenze von Schweden und Norwegen gelten. Der weltweit erste Transboundary Peace Park ist der 1932 gegründete Waterton-Glacier-International Peace Park in Nordamerika. Die Peace Parks Foundation (PPF), die 1997 nach einer Idee des südafrikanischen Großindustriellen und Naturschützers Anton Rupert mit prominenten Fürsprechern wie Nelson Mandela und Prinz Bernhard der Niederlande gegründet wurde, treibt die Verwirklichung des Traums von grenzenloser Freiheit im Südlichen Afrika voran.

Peace-Parks in Afrika sollen in erster Linie die traditionellen Wanderungen von Tieren sowie den Einheimischen den Zugang zu Trinkwasser und zu Anbaugebieten von Nahrungsmitteln ermöglichen. Mit der Entwicklung der Parks werden auch die Biodiversität, der Tourismus, das wirtschaftliche Wachstum, Wanderungsbewegungen der vorwiegend ländlichen Bevölkerung und die Verständigung zwischen den Staaten gefördert. Finanziert werden sollen die Parks vor allem über Einnahmen aus dem Tourismus. Die PPF betreut zurzeit zehn Parks im Südlichen Afrika.

Peace Parks sollen nicht nur Natur und Kultur bewahren, sondern auch eine friedliche Kooperation zwischen benachbarten Staaten entwickeln und sichern, sowie Konflikte vermeiden und Armut bekämpfen. Konkret bedeutet das, dass alle Grenzbefestigungen entfernt werden müssen, sodass sich Menschen und Tiere in diesen Gebieten frei bewegen können. Erlaubt sind nur Grenzanlagen um die Parks herum, damit unkontrollierte Übertritte verhindert werden können.

Angesichts der Flächenausdehnung von KAZA, das fast so groß ist wie Frankreich, und der beteiligten Länder, deren gesellschaftliche und wirtschaftliche Ausgangslage unterschiedlicher nicht sein kann, ist das ein ehrgeiziges Unterfangen.

Doch allein das Ziel ist die jahrelangen Mühen und Anstrengungen wert.

zugängliche Niederung der beiden Luangwa-Nationalparks und bildet mit seinem Unterlauf die Grenze zu Mosambik, bis er schließlich im Dreiländereck Sambia-Mosambik-Simbabwe in den Sambesi mündet. Entlang der Grenze zu Malawi ziehen sich die Mafinga Mountains, die Wasserscheide zwischen Luangwa und Malawi-See. Die höchste Erhebung im äußersten Nordosten Sambias ist der Mafinga mit 2.339 m.

Im Zentrum Sambias schließt sich der Copperbelt (*dt.: Kupfergürtel*) an. Er ist das bedeutendste Kupferabbaugebiet Afrikas und das größte Industriegebiet südlich der Sahara außerhalb Südafrikas. Der Westen Sambias mit dem Quellgebiet des Sambesi ist ein flaches Sandgebiet, das nach Süden hin zum Kalahari-Becken sanft abfällt. Die Einzugsgebiete zweier Flusssysteme prägen Sambia: Sambesi im Süden und Kongo im Norden. Beide sind grenzüberschreitend und von kontinentaler Bedeutung.

## Ein touristischer Spätentwickler

Mit 19 Nationalparks stehen etwa acht Prozent der Landesfläche Sambias unter Naturschutz. Dazu kommen sogenannte „Game Management Areas", die um die Parks herum als Pufferzonen fungieren. Insgesamt bedeutet das für knapp 33 % des sambischen Staatsgebietes Schutzauflagen. Die touristischen Attraktionen Sambias bergen ein immenses Potenzial. Jedes Jahr steigt die devisenbringende Bedeutung dieses Wirtschaftsfaktors, auch wenn der Ausbau der Infrastruktur noch zu wünschen übrig lässt. Einige der Parks haben weder ein Management noch bedeutende Tierbestände, und viele kämpfen mit den Folgen intensiver Wilderei, die mit den in die Höhe schießenden Preisen für Elfenbein in Asien immer gewaltigere und aggressivere Ausmaße annimmt. Besonders seit der innenpolitischen Krise im Nachbarland Simbabwe haben sich Touristen vermehrt der unverdorbenen Ursprünglichkeit Sambias zugewandt. Den einstigen Slogan „Zambia – The Real Africa" darf man dabei wörtlich nehmen.

## Das naturbelassene Paradies

Auf Tuchfühlung mit der afrikanischen Wildnis geht man im Tal des Luangwa im Osten Sambias. Der Fluss wird an keiner Stelle reguliert. Dieser Lebensraum ist aufgrund der extremen Unterschiede des Wasservolumens, das am Ende der Regenzeit durchaus das 20-fache von der Trockenperiode betragen kann, einem ständigen und intensiven Wechsel ausgesetzt. Der Flusslauf ändert sich jährlich, Lagunen entstehen, verlanden und verwandeln sich in Buschland. Der South-Luangwa-Nationalpark zählt zu den artenreichsten Parks des Landes. Hier sieht man das Who-is-who der afrikanischen Tierwelt: riesige Büffelherden, unglaublich viele Flusspferde und Krokodile. Leopardenliebhabern bietet sich hier eine große Chance auf eine Sichtung. Das Cooksons-Gnu, das Crawshay-Zebra und die Thomicrofts-Giraffe sind im Luangwa-Tal endemisch.

Der North-Luangwa-Nationalpark ist einer der wildesten Plätze Sambias und nur wenige Monate im Jahr zugänglich; ein Umstand, der gewerbsmäßigen Wilderern in die Hände spielt. In den 1970er und 80er Jahren hatte die Wilderei von Elefanten und Nashörnern verheerende Ausmaße ange-

*Wasserlilien kommen in den Feuchtgebieten sehr oft vor.*

*Madenhacker auf einem Wasserbüffel – eine gut funktionierende Symbiose.*

nommen. Nashörner wurden ganz ausgerottet. Erst mit einem Umsiedlungsprogramm konnten sie zurückgebracht werden. Die Population der Elefanten erholt sich langsam wieder, hat jedoch sichtbare genetische Blessuren davongetragen, denn ein erstaunlich hoher Prozentsatz hat keine Stoßzähne mehr. Anders als im südlichen Nationalpark kann der Nordpark nur auf Walking Safaris erkundet werden – die scheinen für diese pure Wildnis erfunden worden zu sein.

## Ob groß, ob klein

Der Kafue-Nationalpark steht zu Unrecht etwas im Schatten der bekannteren Safari-Destinationen. Mit 22.500 km² gehört er zu den größten Nationalparks der Welt und gilt als Geheimtipp. Im Norden bestimmen Wälder sowie Feucht- und Sumpfgebiete das Bild. Die spektakulären Busanga-Auen zählen mit 750 km² zu den wichtigsten Feuchtgebieten Sambias. Nach Süden hin geht das Buschland in sandige Flächen über. Im antilopenreichsten Park Sambias finden sich Lichtenstein-, Rappen- und Pferdeantilopen sowie Pukus, das winzige Oribi und Tausende von Moorantilopen. Die Weitläufigkeit garantiert den umherziehenden Herden einen großen Lebensraum. Die letzte überlebensfähige Population der ansonsten in Sambia seltenen Geparde ist hier heimisch. Mit fast 500 Vogelarten, zu denen das bedrohte nur hier und im Südwesten Sambias lebende Rußköpfchen zählt, ist der Park ein echtes Vogelparadies.

Zu den kleineren Nationalparks Sambias zählt der Kasanka-Nationalpark südlich der riesigen Bangweulu-Sümpfe. Im November und Dezember bietet sich auf den knapp 420 km² eines der größten Naturschauspiele der Welt. Bis zu zwölf Millionen Palmenflughunde sollen es sein, die sich hier versammeln. Das sind mehr Säugetiere als bei der großen Tierwanderung in der Serengeti. Woher die Tiere wissen, wann sie sich in den verschiedenen Teilen Afrikas auf den Weg machen müssen, um genau zur Reifezeit der Früchte in Sambia einzutreffen, ist bis heute ein Rätsel. Es gibt kaum einen spektakuläreren Anblick als diese Wolken aus Fledertieren, die mit ihren Flügeln die Luft zum Surren bringen und mit ihrer schieren Anzahl die Abendsonne verdunkeln. Tagsüber hängen sie kopfüber in dicken Trauben in den Bäumen. Erst zum Sonnenuntergang macht sich die Armada auf Futtersuche.

## Wildnis am mächtigen Strom

Der träge dahinfließende Sambesi ist die Hauptattraktion des erst seit 1980 für Touristen erschlossenen Lower-Zambezi-Nationalparks. Sambias jüngster Park wird auf der einen Seite vom Fluss und nach Norden vom Sambesi-Steilhang begrenzt, der eine natürliche Barriere darstellt. Eine Kanufahrt durch wildromantische Uferzonen und vorbei an großen Gruppen von Flusspferden und Krokodilen ist eine eigenwillige Kombination aus Nervenkitzel und Entspannung. Vom Wasser aus hat man einen hervorragenden Blick auf die Wildtiere am Ufer. Elefantenherden beim Durchqueren des Flusses – oder beim Baden – zu beobachten ist keine Seltenheit. Können sich die grauen Riesen doch als Grenzgänger zwischen dem sambischen Lower-Zambezi-Nationalpark und dem gegenüberliegenden Mana-Pools-Nationalpark in Simbabwe frei bewegen. Die Silhouette der Dickhäuter im Abendrot ist das afrikanische Klischee schlechthin.

Dass die ehemaligen Überschwemmungsgebiete am Unterlauf des Sambesi heute so entspannt per Boot entdeckt werden können, liegt auch am volumenmäßig zweitgrößten Stausee der Welt. Das gigantische Bauwerk des Kariba-Staudamms wurde in der an dieser Stelle nur 100 m breiten Kariba-Schlucht errichtet und versorgt Sambia und Simbabwe mit Strom. Es dauerte fünf

Jahre, bis der See vollständig gefüllt war. Die „Operation Noah" rettete in dieser Zeit vermutlich bis zu 6.000 Tiere und wurde eine der größten Tierrettungsaktionen der Welt, was jedoch nicht darüber hinwegtäuscht, dass tausende Tiere umkamen. Die Zwangsumsiedlung von 57.000 Tonga, die seit Jahrhunderten im Sambesi-Tal lebten, riss alte Strukturen auseinander und kappte die Verbindungen zwischen den Dörfern am Nord- und Südufer. Bis heute partizipieren sie nicht an den Bereicherungen des Sees, der mit seinen Wassersportmöglichkeiten und grandiosen Sonnenuntergängen als Riviera Sambias gilt.

Pukus gehören zur Familie der Wasserböcke und sind immer auf der Hut vor Leoparden.

## Krönender Abschluss

Weiter flussaufwärts ziehen mit Gischtwolken und leisem Donner die Viktoriafälle alle Aufmerksamkeit auf sich. Will man sich die Fälle erwandern und ihre ganze Länge auf sich wirken lassen, sollte man sie von simbabwischer Seite aus besuchen. Zum Ende der Regenzeit versteht man, warum die Kololo sie Mosi-oa-Tunya (*der Rauch, der donnert*) nannten.

Es gäbe noch so manches mehr zu entdecken: das Ornithologen-Juwel des Blue-Lagoon-Nationalparks mit seinen fast endlos scheinenden Flutflächen, auf denen sich zahllose Zugvögel in der Regenzeit versammeln; die zweitgrößte Migration Afrikas außerhalb der Serengeti im Liuwa-Plains-Nationalpark im äußersten unerschlossenen Westen Sambias, wo mehr als 50.000 Zebras und Gnus zu Beginn der Regenzeit aus Angola eintreffen, um hier ihre Jungen zur Welt zu bringen … und, und, und …

## Typisch Sambia

Wenn die Wasser des Sambesi die Ebenen überfluten, erklingen die dumpfen Schläge der großen Königstrommeln im Barotseland in Sambias Westprovinz. Kurz vor Vollmond begeben sich die Lozi bei der jährlichen Kuomboka-Zeremonie auf eine Schiffsprozession. Wörtlich übersetzt bedeutet Kuomboka so viel wie „aus dem Wasser gehen". Die 100 rot bemützten Paddler der königlichen Barke bringen den Litunga von seiner Tieflandresidenz Lealui ins höher gelegene Limulunga. Als Paddler erwählt zu werden, ist eine große Ehre. Wer jedoch auf der sechsstündigen Fahrt ermüdet, wird über Bord geworfen. Das schwarz-weiße Boot trägt einen stilisierten schwarzen Elefanten, dessen Ohren mit Stricken bewegt werden. Rauch signalisiert, dass der König an Bord und wohlauf ist. Die Königin folgt in einem kleineren Boot mit einem überdimensionalen schwarzen Huhn. Tausende Zuschauer verfolgen dieses populäre Ereignis. Die Ankunft wird mit viel Musik und Tanz gefeiert. Wenn die Pegel des Sambesi wieder sinken, kehren alle zurück.

*Der Hornrabe wirbt mit einem Leckerbissen um ein Weibchen.*

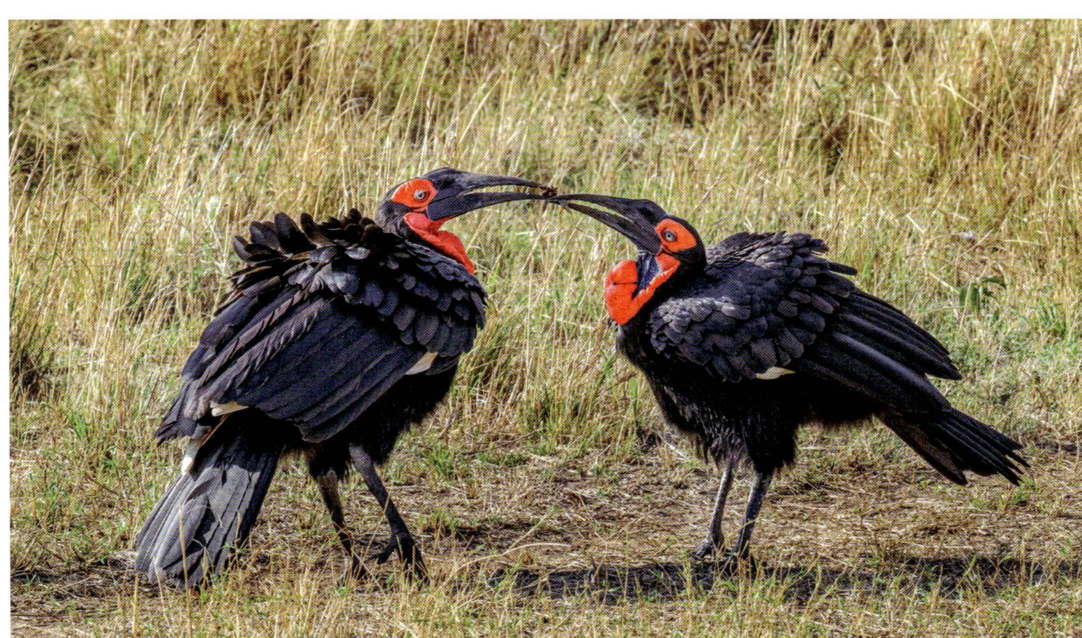

*Dieser hübsche Wasserbock posierte geduldig.*

*Gefleckte Buschschlange*

*Streifenmangusten bewachen ihren Bau.*

*Der Hornrabe hat eine Echse erwischt – besonders auffällig sind seine schönen Wimpern.*

*Der Graukopfliest gehört zur Familie der Eisvögel.*

*Löwen werden nicht gern nass! Nach einem kräftigen Regenguss schüttelt er sich vehement.*

*Die nächste Doppelseite zeigt das faszinierende Schauspiel der größten Säugetiermigration der Welt: Flughunde im Kasanka-Nationalpark.*

# Simbabwe

## *Das Land fragiler Hoffnung*

„Das Land besitzt die Menschen, nicht die Menschen das Land.“ In diesem simbabwischen Sprichwort scheint das ganze Dilemma dieses Staates verborgen zu liegen. Für die Afrikaner war Ackerbau, ganz anders als für die Europäer, keine Frage des Besitzes, sondern des Einklangs mit der Natur – und in subtropischem Klima hat die Natur nicht nur gekleckert, sondern geklotzt. Traumhafte Landschaften und unfassbare Naturschätze warten auf ihre erneute Entdeckung.

Simbabwe ist dank seiner landschaftlichen Vielfalt und Üppigkeit eines der schönsten Länder Afrikas. In keinem anderen steht dies jedoch in so krassem Gegensatz zur alltäglichen Lebenswelt der Bevölkerung. Der Aufstieg und Fall des ehemaligen Rhodesien war ein dunkler, schmerzhafter Weg und eng mit dem Namen Robert Mugabe verbunden. Wie konnte es so weit kommen, dass aus der ehemaligen Kornkammer Afrikas und dem Geheimtipp begeisterter Safaritouristen ein Armenhaus wurde? Immer wieder geht es um Landstreitigkeiten. Wer war zuerst da? Wer hat den begründeteren Anspruch? Und doch machen sich langsam wieder die ersten Touristen auf den Weg in dieses Paradies.

Der Binnenstaat im Südlichen Afrika ist umgeben von Südafrika im Süden, Mosambik im Osten, Sambia im Norden und Nordwesten sowie Botswana im Westen. Die Präsidialrepublik hat ihre 390.575 km² große Fläche in acht Provinzen gegliedert. Die Hauptstadt Harare liegt wie die meisten größeren Siedlungen im Osten des Landes. Hier lebt auch die größte Anzahl der rund 16 Millionen Einwohner, die mit 16 gleichberechtigt anerkannten Amtssprachen sogar den Nachbarn Südafrika in den Schatten stellen. Der machtvolle Sambesi bildet gemeinsam mit dem Kariba-Stausee die nördliche Grenze zu Sambia. Der Limpopo markiert die Grenze zu Südafrika.

## Am Anfang war …

Die Vorfahren der Khoisan, steinzeitliche Jäger und Sammler, streiften bis zur Zeitenwende durch das Hochland des heutigen Simbabwe. Sie lebten in kleinen Gruppen und Familienverbänden. Die Bantuvölker aus Ostafrika, die ungefähr zu Beginn unserer Zeitrechnung am Sambesi eintrafen, brachten Töpferei, Landwirtschaft und Viehzucht als Teile ihrer früh-eisenzeitlichen Kultur mit. Mit einer zweiten Einwanderungswelle breiteten sich im 10. bis 15. Jahrhundert die als Vorfahren der heutigen Shona angesehenen Stämme vom Südwesten kommend über das Hochland von Simbabwe aus.

*Abhängig vom Wasserstand gibt es sehr unterschiedliche Ausprägungen der Gischtwolken. Beleuchtet von der strahlenden Sonne, sind sie aber immer wieder ein farbenfrohes Spektakel.*

Die zivilisatorische Kultur, die sich hier bis zur ersten Jahrtausendwende entwickelt hatte, musste sich nicht hinter der europäischen verstecken. Über gut ausgebaute Fernhandelswege an die ostafrikanische Küste wurden Gold und Elfenbein gegen Perlen und Stoffe getauscht. Die ertragreiche Landwirtschaft war zusammen mit Ziegen- und Schafhaltung Lebensgrundlage. Die ab 1100 n. Chr. entstehenden Siedlungen aus Stein standen Pate für die Namensgebung des Landes; Simbabwe leitet sich von dem Shonawort Dzimba-dza-mabwe (*großes Haus aus Stein*) ab. Es war nur eine Frage der Zeit, bis sich ein Kultur- und Machtzentrum herauskristallisieren sollte.

## Wie gewonnen, so zerronnen

Die gewaltige steinerne Anlage von Great-Zimbabwe ist die größte und älteste vorkoloniale Bauanlage südlich der Sahara. Hier residierten Könige und religiöse Führer; in der Blütezeit soll sie bis zu 18.000 Einwohner gehabt haben. Steinbauten und Terrassenarchitektur dokumentieren die vielfältigen technischen Leistungen. Das jähe Ende dieses ersten afrikanischen Großreiches kam im 15./16. Jahrhundert. Niemand weiß, was dazu geführt hatte. Möglicherweise haben sich die Bewohner selbst ihrer Lebensgrundlage beraubt. Sicher ist jedoch, dass die Anlage bereits dem Verfall preisgegeben war, als die ersten Europäer kamen. Die aus Speckstein gefertigten Simbabwe-Vögel und eine Ruinendarstellung sind bis heute Hoheitszeichen des Staatswappens und der Flagge Simbabwes.

Die danach entstandenen Großreiche im Nordosten und Westen lagen jahrhundertelang immer wieder miteinander im Konflikt. Kriegerische Expansionsbestrebungen des Zulukönigs Shaka und das Vordringen der Buren führten auch im Land zwischen Limpopo und Sambesi zu erhöhtem Bevölkerungsdruck und Landknappheit. König Mzilikazi, ein bei Shaka Zulu in Ungnade gefallener General, eroberte das Land und gründete das Matabelereich. Die unterworfenen und assimilierten Völker nannten die Neuankömmlinge Amandebele (*die Leute mit den langen Schilden*), was später zu Ndebele verkürzt wurde.

*Die Great-Zimbabwe-Ruinen bei Maswingo beeindrucken durch ihre exponierte Lage und äußerst massive Bauweise.*

*Die Shona in Simbabwe sind ein sehr freundliches und angenehmes Volk.*

## Ich kaufe mir ein Land

Seine Gier nach wirtschaftlicher Macht und politischem Einfluss riefen den Minenmagnaten Cecil John Rhodes auf den Plan. „Vom Kap nach Kairo" hieß die Vision des Engländers von einer transafrikanischen Telegrafen- und Eisenbahnlinie, die tatsächlich heute im sambischen Livingstone endet – also gut 5.300 km Luftlinie entfernt von Kairo. Mindestens ebenso rastlos betrieb er die Erschließung und Ausbeutung von Bodenschätzen. 1888 ergaunerte sich Rhodes von König Lobenguela die alleinigen Schürfrechte und von der britischen Regierung einen Freibrief zur Eroberung und Inbesitznahme des Matabelereichs. Das daraus entstehende und nach ihm benannte Land Rhodesien war so groß wie Frankreich, England und Deutschland zusammen und praktisch im Privatbesitz.

Sein Realitätsverlust und die erste Chimurenga, eine Zeit überraschender Aufstände von Ndebele und Shona, markierten das plötzliche Ende seiner politischen Laufbahn. In Guerillamanier machten die Indigenen den Briten das Leben schwer. Noch einmal erschien Cecil Rhodes auf der politischen Bühne, als er mit den Ndebele einen Waffenstillstand und wenig später einen Friedensvertrag zwischen den Felsen im heutigen Matobo-Nationalpark aushandelte. Der Aufstand der Shona hingegen wurde blutig niedergeschlagen.

## Der Krug geht so lange zu Wasser bis er bricht

Das Ergebnis der Aufstände war die Teilung von Rhodes' Territorium in Nord- und Südrhodesien; letzteres wurde nach einem Referendum der Siedler 1923 eine selbst verwaltete britische Kolonie. Tiefgreifende Auswirkungen hatten die Landgesetze von 1930. Während sich die Weißen fruchtbare Gebiete sicherten, blieb für den zahlenmäßig größeren Teil der schwarzen Bevölkerung nur knapp ein Drittel des Landes in vergleichsweise unfruchtbaren Regionen übrig. Die Einrichtung von Townships nach dem Zweiten Weltkrieg und der „Native Land Husbandry Act", der Landwirtschaft und Viehhaltung für die Schwarzen einschneidend beschränkte, führten zu sozialen Konflikten und verheerender Landflucht.

Überall im Südlichen Afrika brodelte es. Die Rufe der Opposition nach Mitbestimmung wurden immer lauter. Neben Joshua Nkomo agierten Robert Mugabe, Ndabaningi Sithole und Leopold Takawira als Vorkämpfer der Unabhängigkeit. Eine recht kurzlebige Föderation der beiden Rhodesien und Njassaland verließ Nordrhodesien als unabhängige Republik Sambia und Njassaland rief die unabhängige Republik Malawi aus – jeweils mit schwarzafrikanischen Mehrheitsregierungen. Einzig Südrhodesiens weiße Minderheit verweigerte eine afrikanische Beteiligung und erklärte unter der Führung von Ian Smith am 11. November 1965 einseitig ihre Unabhängigkeit. Was Großbritannien als illegal und der Rest der Welt als offene Rebellion betrachtete. Die Antwort waren Wirtschaftssanktionen und eine zunehmende Radikalisierung der Opposition.

## Terror und kein Ende

Der fehlende Druck der internationalen Staatengemeinschaft führte innenpolitisch zum bewaffneten Befreiungskampf, die zweite Chimurenga brach sich Bahn. Mit Sabotageakten und Terroranschlägen wurde sowohl die Wirtschaft massiv geschädigt als auch die Zivilbevölkerung in Angst und Schrecken versetzt. Am Ende waren schätzungsweise 20.000 Opfer zu beklagen. Erst mit dem Lancaster-House-Abkommen war der Weg in die weltpolitisch anerkannte Unabhängigkeit frei.

Robert Mugabe, der kompromissloseste der Verhandlungsführer, wurde als Held und Friedensstifter gefeiert. Die Parlamentswahlen von 1980 machten ihn zum Premierminister. Der Start der jungen Republik Simbabwe war von Versöhnung, Zukunftsoptimismus und vorsicht gem Aufschwung geprägt. Mugabe ließ Schulen und Krankenhäuser bauen, der Tourismus blühte. Sein Grundsatz „Wer-nicht-für-mich-ist-ist-gegen-mich“ führte das Land jedoch in eine Diktatur. Die Lage spitzte sich bis zu den berüchtigten Gukurahundi-Massakern zu Beginn der 1980er Jahre immer mehr zu. Zwangsenteignungen der Farmer und der Einsatz von Schlägertrupps endeten im Desaster. Ein Geflecht aus Korruption, Vetternwirtschaft und Wahlfälschungen beschleunigte die Talfahrt. Ein Militärputsch beendete die 37-jährige Regierungszeit des Despoten Mugabe im November 2017. Die Amtszeit des neuen Präsidenten Emmerson Mnangagwa, der seit den Wahlen 2017 Präsident ist, wird jedoch auch schon wieder von Protesten und Unruhen begleitet.

*Der Türsteher vom Hotel ist stolz auf seine vielen Buttons, die er im Laufe der Jahre gesammelt hat.*

*Die Viktoriafälle bei mittelhohem Wasserstand. Die Brücke wird auch zum Bungeespringen genutzt.*

## Von fruchtbaren Hochebenen und steilen Schluchten

Topografisch betrachtet ist Simbabwe ein Hochland, das auch als Highveld bezeichnet wird und den größten Teil des Landes ausmacht. Von Südwesten steigt es nach Nordosten auf eine durchschnittliche Höhe zwischen 1200 und 1600 Metern an. Richtung Norden fällt es in das Sambesital und gen Süden hin in das Flusstal des Limpopo. Nur etwa 20 % des Landes gelten als Tiefland, das auch als Lowveld bezeichnet wird und auf einer Höhe zwischen 160 und 900 Metern liegt. Nur auf den tsetsefliegenfreien Hochebenen kann Viehzucht betrieben werden.

Entlang der Grenze zu Mosambik ziehen sich die Eastern Highlands, die dank des kühlnebligen Klimas eine eigene Gebirgsvegetation mit großem Artenreichtum hervorgebracht haben. Ausgedehnte Wälder bedecken teilweise zerklüftete Bergrücken und fruchtbare Täler, Tee- und Kaffeeplantagen runden das Landschaftsbild ab. Wendet man sich aus den immergrünen Eastern Highlands in Richtung Süden, könnte der landschaftliche Kontrast kaum größer sein. Im südlichen Lowveld geht das hügelige Land in eine weite trockene Buschsavanne über.

Der Westen des Landes ist nur dünn besiedelt, dafür aber aufgrund der Safari-, Jagd- und Wildschutzgebiete bei Touristen sehr beliebt. Vor allem das einmalige Natur-

schauspiel der an der nördlichen Landesgrenze gelegenen Viktoriafälle zieht zu jeder Zeit Besucher aus aller Welt an. In einer der wildesten Regionen Simbabwes liegt der Kariba-Stausee. Die Kraft des Wassers wird hier gezähmt und hat ein ganz eigenes Biotop entstehen lassen, das sowohl auf Sportfischer als auch auf Urlauber Anziehungskraft ausübt.

Der tiefe Taleinschnitt des Sambesi, das sogenannte Zambezi Escarpment, trennt das simbabwische Plateau vom sambischen. Die steilen, teilweise sogar senkrechten Hänge sind für Wildtiere unüberwindbar. Die staatliche Elektrizitätsgesellschaft plant in der Batoka-Schlucht, zwischen den Viktoriafällen und dem Kariba-Stausee, einen weiteren Staudamm, der Umweltschützer um Flora und Fauna der Region fürchten lässt. Der Nordosten hat den Ruf Simbabwes als Kornkammer Afrikas begründet. Hier finden sich fruchtbare Böden, ein gesundes Klima und ausreichend Niederschläge für eine ertragreiche Landwirtschaft. In diesem touristisch noch nahezu unentdeckten Gebiet lassen sich Tabak, Zuckerrohr, Tee, Zitrusfrüchte und Mais erfolgreich anbauen.

## Tourismus zwischen Bangen und Hoffen

Von 1970 bis 2000 war Simbabwe ein beliebtes und unbeschwertes Reiseland mit guter Infrastruktur. Doch durch die krisenhafte Entwicklung, verbunden mit einer steten Abwärtsspirale, die das Land in wirtschaftliche Not brachte, blieben die Touristen aus. Die großartigen Naturlandschaften Simbabwes unterdessen sind geblieben und machen das Land noch immer zu einem Safari-Juwel. Nach Jahren ökonomischer und politischer Schwierigkeiten meldet sich Simbabwe als Touristendestination langsam wieder zurück. Hier und da führen Mangelwirtschaft und unklare Rechtsverhältnisse zu verbesserungswürdigen Zuständen, doch der Optimismus und die herzliche Gastfreundschaft der Simbabwer machen das alles wieder wett.

## Der donnernde Rauch

Ein Naturwunder der Extraklasse lockt jährlich unzählige Touristen in den Norden Simbabwes. Mosi-oa-Tunya (*der Rauch, der donnert*) nennen die Kololo die Viktoriafälle, deren über der Landschaft schwebende Nebelwolke über 30 Kilometer weit sichtbar ist. David Livingstone war der erste Europäer, der das heutige UNESCO-Weltnaturerbe mit eigenen Augen sah und ihm seinen Namen gab. 1855 stand er auf der nach ihm benannten Insel auf der sambischen Seite der Fälle und beschrieb sie als „das Schönste, was er in Afrika je zu Gesicht bekam".

Zum Ende der Regenzeit stürzen 10.000 $m^3$ Wasser pro Sekunde in einer ca. 1.700 m langen Spalte bis zu 108 m in die Tiefe, um dann mit dumpfem Grollen die Gischtnebel vom Fuß der Fälle den ganzen Weg wieder nach oben zu schicken. Damit sind die Viktoriafälle der breiteste durchgehende Was-

*Am Grab von Cecil Rhodes im Matopos-Nationalpark.*

serfall der Welt. Die tosenden Wasser scheinen förmlich in der kaum mehr als 50 m breiten Schlucht im Erdboden zu verschwinden. Ein einzigartiges Schauspiel, das sich erst beim Betrachten aus der Luft eröffnet. Der Sprühnebel beschert der Südseite eine so exorbitante Niederschlagsmenge, dass hier das ungewöhnliche Biotop eines Regenwaldstreifens mit Wilden Dattelpalmen, Kap- und Sambesifeigen oder Farnen ergrünt. Wenn die Dämmerung hereinbricht und die Geräuschkulisse der umtriebigen Händler langsam stiller wird, kann man den Donner als dunkles Rauschen bis in die knapp zwei Kilometer entfernten Hotelzimmer der kleinen Stadt Victoria Falls hören.

## Heimat der Elefanten

Im Übergangsbereich von der trockenen Kalahari zu den feuchten Savannen an der Grenze zu Botswana liegt der Hwange-Nationalpark. Der größte Nationalpark Simbabwes war einst herrschaftliches Jagdgebiet von König Mzilikazi, bevor er von weißen Großwildjägern fast leer geschossen wurde und 1930 den Status eines Nationalparks erhielt. Weite Teile des riesigen Parks sind Besuchern unzugänglich, nur der Norden ist touristisch erschlossen. Im südlichen Parkteil herrschen verfestigte Dünen aus nährstoffarmem Kalaharisand und Trockenflussbetten, sogenannten Vleis, vor. Die Grassavannen sind beliebte Weidegründe für Gnus, Zebras und Antilopen. Mopanebüsche, Akazienwälder und immer wieder Palmen charakterisieren die Flora. Weiter nördlich findet man Granitfelsen in steinigen Höhenzügen und Basaltböden mit dunkler Lehmerde, die beide für Mischwälder und kräftigen Grasbewuchs sorgen.

Diesen reich gedeckten Tisch haben natürlich auch die Tiere für sich entdeckt. Der Artenreichtum umfasst 107 Säugetiere, 18 Antilopenarten, 30 Echsen-, 24 Frosch- und 45 Schlangenarten. Die mehr als 420 Vogelarten machen den Park nicht nur bei Ornithologen beliebt, sie haben ihm auch den Status einer „Important Bird Area" eingebracht. Bestimmend sind allerdings die Elefanten, deren Bestand sich von ca. 1.000 (1930) auf schätzungsweise 40.000 vervielfachte. Selbst wenn Tierschützer diesen Zahlen eher skeptisch gegenüberstehen, ist doch augenscheinlich, dass die Dickhäuter in einigen Gebieten keinen Baum über zwei Meter hinterlassen haben. Intensiv wird nach Lösungen gesucht, um ein gezieltes Abschießen ganzer Herden zu vermeiden. Denn niemand kann leugnen, dass schon die bloße Anzahl der grauen Riesen sich zum massiven Problem ausgewachsen hat.

## Die bunten Hunde Afrikas

Mit knapp 6.000 Tieren auf dem gesamten afrikanischen Kontinent bewegt sich eine ganz andere Spezies am Rande der Ausrottung. Die Afrikanischen Wildhunde, dank ihres vielfarbigen Fells mit dem wissenschaftlichen Namen bunter Wolf (*Lycaon pictus*) versehen, gehören zu den am meisten bedrohten Tierarten Afrikas. Ihre Rudel, die mit einer Rate von 91 % bei der Jagd extrem erfolgreich sind, benötigen große

*Die Inflation des Simbabwe Dollar betrug in Spitzenzeiten bis zu 1 Million Prozent pro Jahr.*

Jagdreviere. Bei einem Aktionsraum von bis zu 2.000 km² geraten sie regelmäßig in Farmgebiete, wo sie sofort getötet werden. Doch die mit einem ausgeprägten, überraschenden Sozialverhalten ausgestatteten Tiere haben leider keine Lobby. Deshalb ist der Schutz der Wildhundpopulationen z. B. im Hwange-Nationalpark oder im Savé Valley Conservancy und im Gonarezhou-Nationalpark für den lokalen und globalen Artenschutz von großer Bedeutung.

Es gäbe noch so viel anderes zu entdecken: die „balancierenden Felsen" im Matobo-Nationalpark, zwischen denen Cecil Rhodes am Aussichtspunkt Worlds View seine letzte Ruhe gefunden hat und den die Ndebele „Malindidzimu" (*Sitz der Ahnen*) nennen und als Kultstätte verehren; frei herumzulaufen ohne Wildhüter im Manapools-Nationalpark trotz potenziell gefährlichem Großwild, obschon ein Teil der Tiere den Camps ganz von selbst einen Besuch abstatten; die Dinosaurierspuren in der Chewore Safari Area, die von einer ganzen Gruppe Urzeittiere stammen sollen; … und, und, und …

## Typisch Simbabwe

Simbabwe ist in vielerlei Hinsicht einzigartig. Für Touristen und Weltenbummler ist es aber ein Phänomen, in einem Land unterwegs zu sein, das keine eigene Währung mehr hat. Die Hyperinflation mit einer jährlichen Teuerungsrate von mehreren Milliarden (!) Prozent hatte 2008 zur Folge, dass die Regierung den Simbabwe-Dollar faktisch abschaffte. Auch wenn er bis 2015 offiziell noch existierte, wird seitdem mit US-Dollar bezahlt. Geldscheine mit Einhundert-Billionen-Simbabwe-Dollar sind ein beliebtes Souvenir.

*Auch Simbabwe hat eine junge Bevölkerung – viele Babys, junge Eltern.*

*Webervogel in seinem Nest.*

*Impala in eleganter Sprunghaltung.*

*Löffelhunde spüren Beute mit ihrem sehr empfindlichen Gehör auf.*

*Der Streifenschakal ist vorwiegend Pflanzenfresser.*

*Zwei junge Löwen beobachten die älteren Weibchen beim Anpirschen an die Beute.*

*Die „roten" Elefanten am Lake Kariba.*

*Im Mana-Pools-Nationalpark sieht man öfter Elefanten auf den Hinterfüßen stehen.*

*Felszeichnungen von Tieren in den Nswatugi-Höhlen im Matopos-Nationalpark.*

*Jahrtausendealte Szenen aus dem Leben der San.*

*Die „kahlen Köpfe" der Matopos-Hügel: bizarr erodierte Granitfelsen.*

*Durch die sehr dicken und hohen Mauern der Great-Simbabwe-Ruinen entsteht ein angenehm kühler Gang.*

*Khami-Ruinen bei Bulawayo.*

*Fortschrittliche Architektur mit Torbogen, die für diese Zeit sehr außergewöhnlich war.*

# Die AGA – von einer Urlaubsreise zum Artenschutz

AGA
Aktionsgemeinschaft Artenschutz

Geplant war sie nur als Urlaub. Doch eine Reise nach Indonesien sollte das Leben von Brigitte und Günther Peter verändern – und das Leben zahlloser Schildkröten retten. Die beiden waren 1981 zum Tauchen dorthin gekommen. Bei einem Ausflug abseits der Touristenpfade wurden sie jedoch Zeugen eines regelrechten Massakers: An einem abgelegenen Strand warfen Fischer von einem Boot aus Hunderte Meeresschildkröten ins seichte Wasser; Helfer zerlegten die Tiere dann bei lebendigem Leibe.

Direkt vor Ort konnten die Peters das Töten der Meeresschildkröten nicht verhindern. Doch sie konnten und wollten nicht tatenlos bleiben. Nach ihrem Urlaub stellten sie Recherchen an und beschlossen, das grausame Gemetzel öffentlich zu machen. Als aktive Taucher nahmen sie Kontakt mit dem Verband deutscher Sporttaucher e. V. (VDST) und mit Bernhard Grzimek von der Zoologischen Gesellschaft Frankfurt (ZGF) auf. Mit dessen prominenter Unterstützung bekamen sie das nötige Gehör in den Medien – die „Aktion Rettet die Schildkröten" war geboren.

So konnten sie erstmals einer breiten Öffentlichkeit vom Schicksal der vom Aussterben bedrohten Schildkröten berichten. Dabei dokumentierten sie nicht nur das Abschlachten der Tiere, sondern stellten die Vorgänge auch in Zusammenhang mit Produkten aus Meeresschildkröten, wie sie unter anderem auch in Deutschland verwendet wurden – und erreichten ein Importverbot von Meeresschildkröten und aus ihnen gefertigten Produkten. Bis heute bestehen die durchgesetzten Handelsbeschränkungen.

Ein erster Etappensieg. Doch die Meeresschildkröten – und nicht nur sie, sondern auch viele weitere Tier-und Pflanzenarten – waren weiterhin durch vielfältige Faktoren bedroht. Deshalb entschloss sich das Ehepaar Peter zusammen mit weiteren engagierten Mitstreitern zur Gründung eines Vereines: Im November 1986 riefen sie die Aktionsgemeinschaft Artenschutz (AGA) e. V. ins Leben.

Leider sind Meeresschildkröten auch heute noch vom Aussterben bedroht. Deshalb ist auch nach mehr als 30 Jahren der Einsatz der AGA für die faszinierenden Reptilien ungebrochen, und es konnten in den letzten Jahren bedeutende Erfolge gefeiert werden. Es kommen immer neue Bedrohungsfaktoren hinzu – etwa die zunehmende Verschmutzung der Meere mit Plastikmüll oder die industrielle Fischerei, der jedes Jahr Tausende Meeresschildkröten als ungewollter Beifang zum Opfer fallen. Deshalb unterstützt die AGA z. B. in Kenia ein Schildkröten-Rettungsteam, das Meeresschildkröten aus den Netzen der Fischer rettet und wieder in die Freiheit entlässt. Mit ihrer erfolgreichen Meeresschildkröten-Ausstellung bietet die AGA zudem ein informatives Umweltbildungsangebot an,

*Mit den Meeresschildkröten fing alles an.*

um über den Schutz dieser faszinierenden Meeresreptilien aufzuklären. Mittlerweile ist die Ausstellung in jeweils angepasster Version in verschiedenen Projektgebieten im Einsatz, und das Umweltbildungsangebot der AGA wird stetig weiter ausgebaut.

Zusätzlich zum Engagement für Meeresschildkröten hat die AGA ihr Schutzprogramm seit den Anfängen vor mehr als 30 Jahren auf viele weitere bedrohte Tier- und Pflanzenarten ausgeweitet: Heute setzt sich der Verein unter anderem für den Schutz von Geparden, Elefanten und Nashörnern, Giraffen, Koalas und Füchsen ein; auf fünf Kontinenten hilft die Organisation gefährdeten Arten im Kampf gegen das Aussterben – vom Ara über Schuppentiere bis hin zum Zwergpinguin.

Ermöglicht wird die Arbeit der AGA durch Spenden und Beiträge der Förderer sowie tatkräftige ehrenamtliche Helfer. Nur dank dieser Hilfe können Artenschutzprojekte effektiv und erfolgreich umgesetzt werden. Bis heute darf die AGA zudem auf prominente Unterstützung zählen, beispielsweise durch die Schauspielerin Maria Ehrich sowie den Schauspieler und Dokumentarfilmer Hannes Jaenicke, die Projekte der AGA besucht haben und von der Arbeit vor Ort beeindruckt sind.

Im Internet erfahren Sie mehr über die Arbeit der AGA – unter www.aga-artenschutz.de informiert der Verein nicht nur über aktuelle Aktivitäten und Neuigkeiten aus den Projekten, sondern gibt u. a. wertvolle Tipps, worauf Touristen in ihrem Urlaub an einem Meeresschildkröten-Niststrand oder beim Souvenirkauf achten sollten, damit sie nicht das Sterben seltener oder geschützter Tier- und Pflanzenarten durch den Kauf verbotener Souvenirs mitverschulden.

*Links: Hannes Jaenicke ist begeistert vom Einsatz der Herdenschutzhunde. Rechts: Eine Mangroven-Pflanzaktion in Kenia – die Bevölkerung vor Ort wird in die Projektarbeit miteinbezogen.*

*Die Elefanten-Ausstellung der AGA ist nur ein Beispiel des vielfältigen Umweltbildungsangebots.*

# Im Einsatz für bedrohte Arten – denn Aussterben ist endgültig!

*Der Gepard – das schnellste Landsäugetier – braucht unsere Hilfe im Wettlauf gegen die Ausrottung.*

*Eine Kamerafalle wird im Projektgebiet angebracht.*

Namibia, im Südlichen Afrika, ist mit etwa 3.000 Tieren die Heimat der größten noch verbliebenen Gepardenpopulationen. Um der Konkurrenz mit Löwen und Leoparden, die ihnen gerne die Beute abjagen, zu entgehen, lebt der Großteil der wild lebenden Geparde auf kommerziell oder kommunal genutztem Farmland, auf dem in der Regel Viehzucht betrieben wird. Obwohl Geparde fast ausschließlich Wildtiere als Nahrung nutzen, sehen Farmer in den schnellen Katzen eine Bedrohung für ihre Nutzviehbestände. Sie fangen die Geparde in Fallen und töten sie.

Seit der Wende zum 20. Jahrhundert ging der Gepardenbestand weltweit um mehr als 90 % auf etwa 7.100 Tiere zurück. Um die letzten Geparde zu schützen und vor der Ausrottung zu bewahren, ist es dringend notwendig, u. a. den bestehenden Mensch-Wildtier-Konflikt zu lösen. Hierfür setzt sich die Aktionsgemeinschaft Artenschutz (AGA) e. V. zusammen mit ihrer Partnerorganisation Cheetah Conservation Fund (CCF) ein. Der CCF wurde 1990 von Dr. Laurie Marker gegründet, und seine Arbeit umfasst wissenschaftliche Forschung, die Entwicklung von Schutzkonzepten sowie Umweltbildung, um das Überleben der Geparde in ihrem natürlichen Lebensraum zu sichern.

So unterstützt die AGA das erfolgreiche Herdenschutzhundeprogramm des CCF, das die tödliche Spirale unterbrechen soll, die die Geparde und weitere Raubtiere an den Rand der Ausrottung bringt. Dank dem Einsatz der Herdenschutzhunde sind immer mehr Farmer bereit, Raubtiere auf ihren Farmen zu dulden und nicht gleich zu erschießen.

Die engagierten Gepardenschützer auf vier Pfoten wachsen als Welpen mit einer Nutzviehherde auf. Später leben sie dann auf der Farm mit ihrer Herde zusammen. Die Hunde sind sehr wachsam, und auch, wenn sie nicht darauf trainiert werden zu hetzen oder anzugreifen, verscheuchen sie mögliche Angreifer durch Bellen und ihre imposante Erscheinung. Geparde sind normalerweise nicht aggressiv und ziehen sich vor einem bellenden Hund zurück. So helfen die

Hunde, die Akzeptanz bei den Farmern für Geparde und weitere Raubtiere, wie beispielsweise Afrikanische Wildhunde, zu erhöhen. Die Farmer erhalten zu den Herdenschutzhunden auch eine Einführung in „raubtierfreundliche" Nutzviehhaltung und können an weiterführenden Kursen teilnehmen. Des Weiteren hat die AGA beim Aufbau eines Spürhundeprogramms geholfen, mit dessen Hilfe u.a. die Verbreitung der Geparde erforscht wird – denn nur, wenn wir mehr über die Geparde, ihr Verhalten und ihren Lebensraum wissen, können wir sie effektiv schützen.

Manchmal sind es die kleinen Dinge, die Großes bewirken können. So hat die AGA mit Hilfe gebrauchter Mobiltelefone, die sie gesammelt hatte, eine 24-Stunden-Raubtier-Hotline eingerichtet. Farmer können diese anrufen, wenn sie auf ihren Farmen akute Probleme mit Raubtieren haben.

Des Weiteren setzt sich die AGA für den Schutz von Nashörnern, Giraffen und Elefanten im Südlichen Afrika ein. Neben der Lösung von Mensch-Wildtier-Konflikten gehören der Schutz des Lebensraums und die Bekämpfung der Wilderei zu den Hauptaufgaben. So hat die AGA z.B. den Einsatz von Kamerafallen ausgebaut, um eine Herde Nashörner besser zu schützen. Dank der Spezialkameras können die bedrohten Dickhäuter besser überwacht werden. Auch in der Dunkelheit liefern die Kameras gute Bilder, und das ganz ohne sichtbaren Blitz.

*Besser geschützt: Nashorn-Aufnahme einer Kamerafalle, die hilft, das Gebiet zu überwachen.*

So gelingen auch Aufnahmen von Wilderern, die das Gebiet auskundschaften, ohne dass diese bemerken, fotografiert worden zu sein und dann z. B. die Kamera zerstören könnten. Entsprechende Bilder werden an die zuständigen Behörden übergeben.

## So können Sie helfen:

Nur mit Ihrer Hilfe können Artenschutzprojekte direkt und effektiv umgesetzt werden. Wir müssen jetzt handeln, vor allem Mensch-Wildtier-Konflikte lösen und die Wilderei bekämpfen.

Bitte unterstützen Sie die wichtige Arbeit der AGA mit einer Spende oder z. B. als Pate eines Geparden oder Elefanten.

## Weitere Informationen:

Aktionsgemeinschaft Artenschutz (AGA) e. V.
Rathausgasse 5
D-70825 Korntal-Münchingen

Tel: +49(0) 71 50 - 92 22 10
E-Mail: info@aga-artenschutz.de
Internet: www.aga-artenschutz.de

Spendenkonto: KSK Ludwigsburg
IBAN: DE25 6045 0050 0009 9129 00
BIC-CODE: SOLA DE S1 LBG

*Nashorn-Nachwuchs in freier Wildbahn gibt Hoffnung.*

*Wild lebende Elefanten am Wasserloch gilt es zu bewahren.*

# Weitere Informationen ...

## Offizielle Seiten

**Botschaft Südafrika**
www.suedafrika.org/de

**Botschaft Namibia**
www.namibia-botschaft.de

**Botschaft Botswana**
www.embassyofbotswana.de

**Botschaft Sambia**
www.zambiaembassy.de

**Botschaft Simbabwe**
www.zimembassyberlin.com/de

**Auswärtiges Amt**
www.auswaertiges-amt.de/de/ReiseUndSicherheit

## Tourismus und Reisen

**Südafrika**
www.dein-suedafrika.de

**Namibia**
www.namibia-tourism.com

**Botswana**
www.botswanatourism.co.bw

**Sambia**
www.zambiatourism.com

**Simbabwe**
www.zimbabwetourism.net

**Erlebe das Abenteuer Afrika**
www.abendsonneafrika.de

## Natur- und Artenschutz

**Cheetah Conservation Fund**
www.cheetah.org

**Aktionsgemeinschaft Artenschutz**
www.aga-artenschutz.de

**Pro Wildlife, Verein zum Schutz von Wildtieren und ihren Lebensräumen – weltweit**
www.prowildlife.de

**Umweltprogramm der Vereinten Nationen**
www.unep.org

**Zoologische Gesellschaft Frankfurt**
www.zgf.de

**MONDBERGE-Charity-Projekt**
www.mondberge.de

# Reisetipps für:

## Südafrika, Namibia, Botswana, Sambia, Simbabwe

### Beste Reisezeit

**Namibia:** Für Tierbeobachtung am besten in der Trockenzeit zwischen April und Oktober.
**Südafrika:** Kapregion im südafrikanischen Sommer zwischen November und April, in der Krügerregion in der Trockenzeit zwischen April und Oktober.
**Botswana:** In der Trockenzeit zwischen April und Oktober.
**Sambia und Simbabwe:** Zwischen Mitte und Ende der Trockenzeit ab Mai bis Oktober. Die Viktoriafälle sind zwischen Februar und August/September am beeindruckendsten.

### Einreisebestimmungen

**Namibia, Südafrika und Botswana:** Es besteht keine Visum-Pflicht für deutsche, österreichische und schweizer Staatsbürger. Sie benötigen einen Reisepass, der nach Ausreise noch mind. 6 Monate gültig ist.
**Sambia und Simbabwe:** Sie benötigen einen Reisepass, der nach Ausreise noch mind. 6 Monate gültig ist. Außerdem besteht Visum-Pflicht in den beiden Ländern für deutsche, österreichische und schweizer Staatsbürger. Das Visum erhalten Sie bei der Einreise.

### Empfohlene Reiseformen

**Namibia und Südafrika:** Aufgrund der gut ausgebauten Infrastruktur sind individuelle Selbstfahrerreisen beliebt und sehr zu empfehlen. In Südafrika ist das Straßennetz sehr gut ausgebaut und größtenteils geteert. In Namibia gibt es meist nur Schotterpisten. In beiden Ländern herrscht Linksverkehr.
**Botswana, Sambia, Simbabwe:** Um in tierreiche Regionen zu kommen, sind Flugsafaris zu empfehlen. Alternativ werden in allen 3 Ländern auch Kleingruppenreisen angeboten. In Botswana sorgen Zeltsafaris mit einem privaten Guide für besonders eindrucksvolle Erlebnisse in der Wildnis. In Botswana und Simbabwe sind individuelle Selbstfahrerreisen ebenfalls möglich, hier sind jedoch Allraderfahrungen von Vorteil, da es viele Tiefsandstrecken gibt.

### Anreise

**Namibia:** Es gibt Direktverbindungen mit Air Namibia und Condor ab Frankfurt und zahlreiche Umsteigeverbindungen z. B. über Johannesburg, Amsterdam, Addis Abeba oder Doha.
**Südafrika:** Direktverbindungen mit Lufthansa, Condor oder South African Airways ab Frankfurt oder München nach Johannesburg oder Kapstadt. Ansonsten mit Umstieg z. B. in Amsterdam, London, Doha oder Dubai.
**Botswana:** Alle Flüge laufen über Johannesburg in Südafrika.
**Sambia und Simbabwe:** Viele Verbindungen über Johannesburg. Alternativ gibt es auch Verbindungen über Addis Abeba oder Dubai.

### Medizinische Hinweise

Bei direkter Anreise aus Deutschland, Österreich oder der Schweiz bestehen keine Pflichtimpfungen in Namibia, Botswana, Südafrika, Sambia oder Simbabwe. In allen Ländern im Südlichen Afrika herrscht ein Malariarisiko, welches zum Teil nur regionsweise auftritt. Malariafreie Gebiete sind z. B. die Gardenroute sowie Teile im Norden Südafrikas.

# Viten

## Susanne und Peter Scheufler

**Peter Scheufler** wurde 1958 geboren. Nach seinem Physikstudium machte er sich 1984 selbstständig und befasste sich mit elektronischen Steuerungen. 1990 gründete er die LeuTek GmbH, die mittlerweile über 70 Mitarbeiter zählt. Der begeisterte Privatpilot, Sporttaucher und Naturliebhaber beschäftigte sich bereits während des Studiums mit der Fotografie, die immer mehr in den Vordergrund trat, nachdem er und seine langjährige Lebensgefährtin **Susanne** (Jahrgang 1961) 2005 bei einer Motorradtour durch Namibia ihre Liebe zu Afrika entdeckten. Die beiden kennen sich seit 1994 und waren 7 Jahre lang in einer Kunden-Lieferanten-Beziehung „per Sie", bevor sie 2001 ein Paar wurden und Susanne von Hannover nach Stuttgart umsiedelte, wo sie auch in der LeuTek GmbH aktiv wurde. Seit 2009 sind die beiden nicht mehr operativ in der Firma tätig und können sich intensiv dem Reisen und der Fotografie widmen. Seit 2012 leben sie halbjährig in Südafrika am Kap, wo sie am 12.12.2012 heirateten, und im deutschen Sommer am Bodensee. Neben vielen Fotosafaris durch 11 Länder im Südlichen und Östlichen Afrika bereisten sie unter anderem Patagonien und die Antarktis, die Arktis, Alaska und Kanada, Indien und Borneo und schwammen in Tonga mit den Buckelwalen. Sie sind regelmäßig mit professionellen Naturfotografen unterwegs: Art Wolfe, Frans Lanting, Shem Compion, Lou Coutzer, Wenzel Kotze, Neil Cooper, Johan Greyling, Darren Jew, und auch sonst in der Photo Community gut vernetzt. Die Scheuflers gewannen etliche Preise in internationalen Fotowettbewerben und waren an einigen Buch-, Magazin- und Kalenderproduktionen beteiligt. Sie engagieren sich aktiv im Natur- und Artenschutz – die eleganten Geparden haben es ihnen besonders angetan, daher unterstützen sie den CCF Cheetah Conservation Fund seit 2007 und treffen sich auch regelmäßig mit Dr. Laurie Marker.

*„Wir durften auf unseren Reisen viele schöne Seiten unserer wunderbaren Erde sehen. Dafür sind wir sehr dankbar.*

*Wir haben aber auch viel Elend und Raubbau an der Natur erlebt, was uns oft sehr nachdenklich gestimmt hat.*

*Wir haben nur diese eine Erde. Lasst uns etwas dafür tun, diese wunderbare Welt zu erhalten, damit unsere Nachfahren auch zukünftig noch so schöne Bilder machen können."*

www.ps-scheufler.de

### Liane Merbeck

Ihre Liebe zu Afrika, den wilden Tieren sowie den Menschen und Kulturen entdeckte Liane Merbeck schon als Kind in den vielen Tierdokumentationen, in Berichten von Dian Fossey, Jane Goodall und in Kultfilmen und -serien wie Hatari oder Daktari. Aufgewachsen mitten in einem Wald bei Ulm (und schon immer mit dem Gedanken und Ziel, die Tiere dieser Welt zu retten), träumte sie oft von den weiten Steppen und Savannen, dichten Regenwäldern und Begegnungen mit Mensch und Tier. Erst Jahre später wurde ihr Traum Realität und sie erlebte zusammen mit ihrem Mann Michael Merbeck in ihrem eigens dafür umgebauten Jeep viele unglaubliche Abenteuer auf einer einzigartigen Fahrt, die sie fast ein ganzes Jahr durch die Nationalparks und Länder im südlichen und östlichen Afrika führte. Viele weitere Reisen folgten, bei denen die beiden neue Wege und Strecken ausprobierten, sich mit Land und Leuten unterhielten, sich mit der Infrastruktur vertraut machten und Unterkünfte und Hilfsprojekte begutachteten, um ihr Wissen an andere Afrikabegeisterte weiterzugeben. Was lag da näher, als einen Reiseveranstalter für das Südliche und Östliche Afrika zu gründen, der nicht nur die hervorragenden Länderkenntnisse in Traumreisen vermittelt, sondern auch nachhaltige Projekte – vor allem in Sachen Naturschutz – unterstützt und vorantreibt. Inzwischen ist aus „Abendsonne Afrika" der Safarispezialist Nr. 1 im deutschsprachigen Raum geworden, und sowohl Liane Merbeck als auch das Team stellen Afrikareisen mit viel Leidenschaft und Herzblut zusammen.

### Kerstin von Splényi

Geboren 1965 in Leipzig, lebt und arbeitet sie heute in der Nähe von Heidelberg. Unmittelbar nach dem Diplom-Abschluss ihres Bauingenieurstudiums traf sie 1989, wie so viele in Ost und West, die größte geschichtliche Veränderung in Deutschland mit ganzer Wucht. Die plötzliche Vielfalt der Möglichkeiten brachte sie nach einiger Zeit dazu, neben dem technischen Fachgebiet ihre kreativen Potenziale auszuloten und weiter zu entwickeln. Seit nunmehr 20 Jahren ist sie als freie Journalistin für verschiedene Tageszeitungen und Magazine tätig. Nach einem berufsbegleitenden Zweitstudium erfüllte sie sich 2012 einen Traum und ist seitdem Inhaberin der PR-Agentur TextAuslöser. Die Dokumentationen von Heinz Sielmann und Bernhard Grzimek haben ihre Jugend geprägt und ihre Begeisterung für die atemberaubende Tierwelt und die magischen Landschaften geweckt. Nicht verwunderlich also, dass sie sich immer wieder auf das Abenteuer Fernreise einlässt. Allein und gemeinsam mit ihrem Mann war sie in Nordafrika, dem Östlichen und Südlichen Afrika sowie Indien und Nordamerika unterwegs. Dabei ist ihr Afrika zur leidenschaftlichen Passion geworden. Von der ersten Stunde an ist sie festes Redaktionsmitglied beim MONDBERGE-Magazin. Das aktive und vorbehaltlose Engagement für Natur- und Artenschutz hat Kerstin von Splényi sofort überzeugt. Menschen für die Schönheit und Einzigartigkeit des afrikanischen Kontinents zu begeistern, war die Grundidee ihrer Mitarbeit am vorliegenden Bildband. Geschichte und Geschichten, Zukunftschancen und -hemmnisse der einstigen Wiege der Menschheit haben sie dabei besonders beschäftigt.

*„Es gibt etwas bei einer Safari, das dich alle Sorgen vergessen lässt und dir das Gefühl gibt, du hättest eine halbe Flasche Champagner getrunken – ein Gefühl, das dich überschäumt vor tiefempfundener Dankbarkeit am Leben …" (Karen Blixen)*

www.textausloeser.de

SPIRIT
sun + fun
sportreisen.com
karoo biking
Nett hier.
Austin-Healey
National Tour 2012
Rock'n'Roll
PLERSCH
PILGRIMS REST
GUNSLINGER
ROAD TRIP
IMB
HAGEN
ALPIN TOURS
DAT MOARN!

# Impressum

**Afrikas Süden – Südafrika · Namibia · Botswana · Sambia · Simbabwe**
2., vollständig neu geschriebene und umfassend erweiterte Auflage, November 2019
ISBN 978-3-9439692-1-4

Idee und Konzeption: Andreas Klotz
Texte: Kerstin von Splényi
Layout: Michael Hildebrand
Karten: Julia Beer, www.kartographos.de
Lektorat: Antje Schönhofen, www.punkt-und-komma.com
Fotos: Liane Merbeck: S. 16; S. 28/29; S. 44/45; S. 60 oben; S. 61 unten; S. 68 oben; S. 69 unten; S. 78 unten; S. 89; S. 97 unten; S. 103; S. 166/167; S. 182/183; S. 194 unten; S. 200/201 oben; S. 209 oben; S. 213 unten; S. 226; S. 230; S. 231; S. 244/245; S. 246/247; S. 254 oben; S. 260 bis 264/265; S. 288
Kerstin von Splényi: S. 111
Aktionsgemeinschaft Artenschutz (AGA) e. V.: 270 bis 273
Adobe Stock: S. 54 oben; S. 56 oben; S. 61 oben; S. 62, S. 63; S. 117; S. 176; S. 254 unten
**Alle anderen Fotos: Susanne & Peter Scheufler**
Druck: druckpartner Druck- und Medienhaus GmbH, Essen
Papier: Magno Plus Gloss 170g, Magno Volume 200g
teilweise zur Verfügung gestellt durch die Sappi Deutschland GmbH
Herausgeber: Andreas Klotz
Verlag: TiPP 4 GmbH · Werbeagentur und Verlag
Von-Wrangell-Str. 2, 53359 Rheinbach, Tel.: 02226 911799
E-Mail: tipp4@tipp4.de, www.tipp4.de

© Copyright 2019 by TiPP 4 GmbH, Rheinbach

**Alle Rechte vorbehalten**
Der ganze oder teilweise Abdruck und die elektronische oder mechanische Vervielfältigung gleich welcher Art sind nicht erlaubt. Abdruckgenehmigungen für Fotos und Texte erteilt ausschließlich die TiPP 4 GmbH.

**Gedruckt mit bluegreenprint®**
Dieses Buch wurde unter „bluegreenprint-Bedingungen" gedruckt. Wir nehmen den Umweltschutz sehr ernst. Die hochmodernen Druckmaschinen werden mit Ökostrom betrieben. Das eingesetzte Papier stammt aus vorbildlich betriebener Forstwirtschaft. Die Druckfarben basieren auf Sojaöl, mineralölhaltige Bestandteile werden durch Zutaten auf Basis nachwachsender Rohstoffe ersetzt. Auf Lösungsmittel und Chemikalien wird bei der gesamten Produktion weitestgehend verzichtet oder so sparsam wie möglich verwendet. Der Umschlag wurde in einem nachhaltigen, einzigartigen und neuen digitalen Druckverfahren veredelt. Dieser Effekt-Lack verursacht während seiner Produktion, Nutzung und im Recycling deutlich geringere Umweltauswirkungen und spart $CO_2$-Ressourcen. Alle unvermeidbaren $CO_2$-Emissionen, die im gesamten Druckprozess und beim Versand entstehen, kompensieren wir und unsere Partner und fördern somit weltweit wichtige ökologisch-soziale Projekte.

www.bluegreenprint.de